SABRAH

SABRAH

Mein Leben in mehreren Welten

HALIMA ALAIYAN

l'Aleph

Halima Alaiyan

SABRAH - MEIN LEBEN IN MEHREREN WELTEN

Photo auf Seite 5: Halima Alaiyan's Vater, ihre Mutter und unten ihre Familie (ihre Mutter in der Mitte und ganz rechts Halima Alaiyan)

Verlag *l'Aleph*

www.l-aleph.com

l'Aleph ist ein Imprint von Wisehouse.

ISBN 978-91-7637-079-7

www.wisehouse-publishing.com

Für meine Eltern, Geschwister, Kinder und Enkelkinder.
Für alle Menschen, die mein Leben bereicherten und bereichern.

Für meine Heimatländer Palästina–Israel und Deutschland.

Halima Alaiyan

FÜR MEINE MUTTER

ES WAR EIN SEHR LANGER, DORNIGER WEG von den ägyptischen Baumwollfeldern zu den blühenden deutschen Rhododendron-Büschen in Saarbrücken, gesäumt von großen, dicht blühenden Rosenstöcken. Die Strecke war holprig und zum Teil weich geteert. Auf den vielen Seitenstraßen wehte der Wind eisig und oft unerbittlich, zuweilen fand ich Schutz, manchmal nur die nackte, dunkle Grausamkeit. Vom Irrweg zum freien 'Schmerz'—tief und lehrreich. Von all dem möchte ich Ihnen in diesem Buch erzählen.

Dieser Weg von der gefühlten Kälte zur empfundenen Wärme war mit vielen Enttäuschungen gepflastert. In einem Augenblick des geglaubten Friedens öffnete sich ein neues, unbekanntes Tor. Während ich das eine oder andere Szenario erlebte oder aber nur beobachtete, spürte ich oft die warme Brise meines neuen Landes. Diese begann, mein Gesicht und meine Brust sanft zu streicheln. Sie umarmte mich kurz, ließ mich aber bald los, setzte sogleich ihre Reise fort. Die Sehnsucht nach meinem Geburtsland grub sich tief in mein Herz hinein. Wind, Himmel und Erde zerzausten meine Seele und vermischten sich ungeordnet miteinander. Hinter dem Tor und hinter der Mauer suchte ich Schutz und wartete auf die warme und sanfte Brise, die nie mehr zurückkehrte. Die vielen duftenden Worte sind mit dem Wind verflogen, die vielen Edelsteine haben ihren Glanz verloren. Doch bevor sie verschwanden, schenkten sie mir die Freiheit. Sie gaben mir die Kraft für jene Menschen, die mir begegneten und die ein Teil von mir wurden. Tief in meine Seele und in meinen Geist sind Liebe und Freiheit eingedrungen. Das ist die Gabe meiner Herkunft und ein Geschenk meines neuen Landes.

Das eine Land hat mich geboren. Das neue Land reichte mir die Hand und ließ mich aufstehen. Die Liebe, die mein Herz einnahm, kennt weder Raum noch Zeit, weder Sprache noch Gestalt. Sie ist leicht wie eine Feder und hart wie Stahl. Der Duft des Jasmins ist betäubend und erholsam. Kein Himmel und keine Erde. Es ist eine unendliche Reise. Kopf und Herz sind nur einen Atemzug voneinander entfernt.

Dich und mich trennt nur ein Augenaufschlag. Dein Duft kommt immer wieder zu mir und erzählt mir von dir, schenkt mir die schönsten Blumen, und dein sanfter, warmer Wind umhüllt meine Seele und meinen Körper. In den kalten Novembernächten wärme ich mich an deinem Licht und in deinen Armen. Danke für die Liebe, die Wärme, die Umarmung, für alle Worte und jeden Augenblick. Meine Augen sind müde geworden, alle Fäden der Erinnerung zu spinnen. Die Nächte sind neblig und kalt, durchzogen von schwachem Kerzenlicht. Der Wein hat sein Aroma verloren. Die Zeit steht still. Die volle Pracht des Rhododendrons zeigt den Weg zum Paradies. Den Weg zu dir.

"Wahrscheinlich darf man ganz allgemein sagen, dass sich in der Geschichte des menschlichen Denkens oft die fruchtbarsten Entwicklungen dort ergeben haben, wo zwei verschiedene Arten des Denkens sich getroffen haben. Diese verschiedenen Arten des Denkens mögen ihre Wurzeln in verschiedenen Gebieten der menschlichen Kultur haben oder in verschiedenen Zeiten, in verschiedenen kulturellen Umgebungen oder verschiedenen religiösen Traditionen. Wenn sie sich nur wirklich treffen, d.h., wenn sie wenigstens soweit zueinander in Beziehung treten, dass eine echte Wechselwirkung stattfindet, dann kann man darauf hoffen, dass neue und interessante Entwicklungen folgen."

Werner Heisenberg (1901-1976),
Physiker und Nobelpreisträger

PROLOG

AM 25. AUGUST 1966 landete die Lufthansa-Maschine aus Kairo in Frankfurt am Main. Ich stieg aus dem Flugzeug und betrat zum ersten Mal ein mir total fremdes Land. Deutschland war mir in jeglicher Hinsicht fremd—die Sprache, die Kultur—alles war fremd! Meine drei Kinder hatte ich im Flüchtlingslager in Gaza bei den Großeltern zurückgelassen.

Ich war sehr jung und unerfahren. Mein einziger Auslandsaufenthalt bis dahin waren drei Jahre in Saudi-Arabien. Drei Jahre hatte ich wie eine Gefangene in einem Lehmhaus gewohnt. Dort brachte ich zwei Töchter auf die Welt; nicht ahnend, was überhaupt eine Geburt ist, was es bedeutet, ein Kind zu stillen, zu baden und zu wickeln. In meiner kleinen Familie war ich sehr behütet aufgewachsen. Zu früh bin ich Frau geworden.

Mich hatte es nun nach Deutschland verschlagen. Da mein Mann einen Studienplatz für Medizin in Saarbrücken bekam. Ich musste ihm folgen. Ich verspürte eine große Ungewissheit. Was wird auf mich und meine Familie zukommen? Mein Mann war bereits ein Jahr zuvor nach Saarbrücken gekommen dann erlaubte er mir nachzukommen, die Kinder sollten später folgen.

Mitten in dieser Fremde nahmen mich bereits am Flughafen eine Frau und deren Mann an die Hand; liebenswerte, vertrauenswürdige und zuverlässige Menschen, die mir halfen, mich unterstützten und beschützten. Es waren meine Vermieter Irmgard und Reinhard. Sie brachten mir Deutsch bei, begleiteten mich zu Behörden, umarmten mich und schenkten mir Blumen; ohne Eigennutz, ohne persönlichen Gewinn, ohne

Wenn und Aber. Menschen, die immer und immer wieder kamen, für ein lebens- und liebenswertes Zusammenleben sorgten, für Austausch von Herz und Geist.

Dies hatte ich nicht erwartet und bisher auch nicht erlebt. Ich begann, Vertrautheit zu spüren und fühlte mich zunehmend sicher in meinem Leben in diesem fremden neuen Land. Ein solches Gefühl konnte ich zuvor in keinem arabischen Land empfinden oder finden, Gefühl des Respekts und der Vertrautheit fand ich in meiner Familie und wieder hier in Deutschland. Mir schien alles geregelt, überlegt und geordnet zu sein. Der Staat wachte über seine Bewohner und sorgte für Freiheit, Demokratie, Gerechtigkeit und Ordnung—und zwar für alle gleichermaßen, denn alle waren vor dem Gesetz gleich. Die Polizei war Helfer und Beschützer. Überall lief alles korrekt nach dem Gesetz. Das war für mich etwas Neues. Bisher fürchteten sich meine Familie und ich vor allen und allem. Nirgendwo hatten wir Ruhe oder Sicherheit.

Ich wünschte, meine Kinder wären bei mir. Ich wünschte, meine Eltern und Geschwister könnten auch hier sein, damit sie endlich ein sicheres Leben hätten. Nein, meine Eltern sind in fremden Länder begraben, meine Geschwister leben rechtlos und bangen täglich um ihr Dasein.

Meine Kinder mussten bei den Großeltern in Gaza bleiben, bis wir hier in Deutschland eine größere Wohnung gefunden hatten. Dann dürften wir sie nachkommen lassen. So hat mein Mann das bestimmt, und sein Vater führte dies im fernen Gaza nun aus.

Als Frau hatte ich nur zu folgen, den Mund zu halten und zu gehorchen. Hätte ich damals gewagt, meinem Mann zu widersprechen, wären weder ich noch die Kinder heute hier in Deutschland! In dieser Kultur, aus der ich kam, war das klar geregelt: Der Mann bestimmt alles und über alle.

Während meine Kinder schliefen, hatte ich mich schweren Herzens von ihnen verabschiedet und folgte meinem Mann nach Deutschland.

Ich ließ meine Kinder an jenem Ort zurück, den die Vereinten Nationen 1948 für die Flüchtlinge aus Palästina eingerichtet hatten und machte mich auf den Weg nach Europa. Es zerriss mir das Herz, sie so liegen zu lassen, aber ich hatte weder die Macht noch die Möglichkeit, sie mitzunehmen. Ich durfte es nicht. Der Schwiegervater hatte eine Flugkarte gekauft, eine Bahnkarte zum Flughafen, er setzt mich in Kairo am Flughafen ab, und in Frankfurt am Main holte mich mein Mann ab. Männer bestimmen, Männer entscheiden, und Männer führen alles durch.

Jetzt bin ich eine von denen im Westen. Jetzt lebe und genieße ich die Menschenrechte in Deutschland. Doch zugleich helfe ich, wie wir alle mit unseren Steuergeldern, Waffen in den Nahen Osten zu liefern, mit denen Menschen getötet werden: Juden, Moslems, Christen oder welcher Religion sie auch immer angehören mögen. Noch heute sind viele in der Politik, in Schulen, Universitäten oder in der Wirtschaft über den eigentlichen Konflikt zwischen Israel und Palästina falsch informiert oder nicht daran interessiert. Heute noch muss ich mir anhören "es gab keine Vertreibung in Palästina", ja sogar "es gibt keine Palästinenser, es gab kein Palästina!" und dies von einer Person die in Berlin nicht unbekannt ist. Obwohl ich vor ihr stehe und sie meine Autobiographie las (bei Ullstein 2003 erschien). Israelische Historiker und Schriftsteller bringen langsam die Wahrheit ans Licht. Dank an all jene, und die gibt es sowohl in Israel als auch in Deutschland, die sich für die Wahrheit, für schwache, hilflose und unterdrückte Palästinenser einsetzen. Die sich für die Menschenrechte und das Recht auf Heimat und Wiedergutmachung einsetzen. Die nicht nur eine Wirbelsäule haben, sondern ein Rückgrat, das stabil ist, um gegen Ungerechtigkeiten zu schreiben und zu sprechen. Deutschland hat Beispielhaft dies den Juden gegenüber nach den Holocaust gezeigt, ich hoffe dass Israel auch dies für die Palästinenser tut.

Wir sind doch alle gleiche Gottes Kinder. Oder?

In Dudweiler Süd hatten wir bald eine Wohnung gefunden. Kurz, nachdem wir eine Wohnung gemietet hatten, schrieb mein Mann unter meinen täglichen Tränen endlich einen Brief an seinen Vater, er solle die Kinder zu uns schicken. Mit Lufthansa sollten sie fliegen, denn diese Fluglinie galt als sicher. Es war ein Festtag, als ich den Brief eigenhändig bei der Post aufgab. Meine Kinder würden bald bei mir sein. Die Hoffnung, bald meine Kinder im Arm zu haben, gab mir mehr Kraft für meinen Sprachkurs, um schnell deutsch zu lernen.

Ich konnte sogar schon allein einkaufen gehen. Schöne Kleider und Spielsachen hatte ich besorgt, die Fotos meiner Kinder vergrößert und aufgehängt. Alles war vorbereitet... Leider machte der Krieg einen Strich durch diese Rechnung.

Im sogenannten Sechs-Tage-Krieg standen sich 1967 Israel und die arabischen Länder gegenüber. Meine Kinder waren mittendrin im Flüchtlingslager in Gaza. Die Vermieterin Irmgard begleitete mich zum Roten Kreuz in der Nähe der Staatskanzlei in Saarbrücken. Jeden Tag ging ich dorthin und fragte nach meinen Kindern. Es dauerte acht Monate, bis ich endlich eine Nachricht erhielt: die Großeltern und die Kinder lebten, aber das jüngste Kind sei schwer krank. Mein kleiner Sohn benötigte zum Überleben dringend Bluttransfusionen. Doch in Gaza war das nicht möglich. Ich konnte nicht schlafen, ich konnte nicht handeln, ich konnte nur noch weinen. Wir bekamen auch kein Geld mehr aus Gaza. Alles war weg, was nun? Irmgard half mir, eine Putzstelle zu bekommen. Ich arbeitete Tag und Nacht, kaufte das Flugticket für meinen kranken Sohn und seine Begleitperson. Es dauerte weitere sechs Monate, bis er endlich nach Deutschland kommen konnte. Zwei Jahre später folgten die Töchter, nachdem ich genügend Geld für ihre Flugtickets gespart hatte.

Nun waren meine Kinder bei mir. Ich arbeitete und versorgte unsere Familie. Die Nachbarn unterstützten mich, sie passten auf die Kleinen auf. Wir bekamen unsere Aufenthalts- und Arbeitserlaubnis immer wieder verlängert. Meine Kinder gingen in die Schule, und mein Mann studierte. So sicher, beschützt und frei waren wir nirgendwo. Was für ein Glück, dass wir hier in Deutschland leben durften! Wir haben hier Freunde gefunden, liebe Nachbarn gingen bei uns ein und aus. Die meisten von ihnen waren sehr begeistert, wie schnell wir uns integriert hatten und darüber, wie fleißig ich sei. Nur mein Mann verbrachte nach ihrer Ansicht zu viel Zeit mit den Nachbarsfrauen und Studentinnen, statt neben seinem Studium zu arbeiten, Geld zu verdienen und mich zu entlasten. Frauenheld oder Casanova sagten sie oft zu ihm.

1972, zur Zeit der Olympischen Spiele von München, als palästinensische Terroristen israelische Sportler ermordet hatten, ging eine Verhaftungswelle unschuldiger Palästinenser durch die Bundesrepublik. Viele Palästinenser im Saarland und anderswo wurden gleichzeitig verhaftet. Offenbar um international ein Zeichen zu setzen, verwüsteten Polizisten unsere Wohnung, verhafteten und führten meinen Mann vor den Augen unserer Kinder und Nachbarn in Handschellen ab. Am nächsten Tag wurden alle Inhaftierten wieder frei gelassen. Ich spürte eine tiefe Verunsicherung, fühlte mich diesem Staat ausgeliefert.

Im Laufe der vergangenen 20 Jahre hat sich Deutschland verändert. Heute, bald fünfzig Jahre später, vermisse ich die anfängliche Vertrautheit mit einem freien Land. Ich vermisse die liebenswerten Menschen, wie ich sie in den ersten 30 Jahren traf. Ich vermisse meinen Glauben an die Demokratie und den Schutz des Staates. Ich weiß, die schlechteste Demokratie ist immer besser als eine Diktatur.

Mein Respekt gehört den vielen Menschen, die heute Flüchtlingen und Verfolgten helfen. Aber zugleich frage ich mich, wie sieht es morgen und übermorgen in Deutschland aus?

Fünfzig Jahre nach meiner Ankunft schmerzt mich in meinem geliebten Deutschland, immer wieder daran erinnert zu werden, dass ich nicht dazu gehöre. Ich solle dahin zurückgehen, wo ich herkam. Wenn ich versuche, die peinliche Situation zu retten, pflege ich in Berlin jetzt oft zu sagen: "Ja manchmal denke ich daran, in das Saarland zurückzugehen!"

Dann kommt schnell eine laute Stimme mit einer abwertenden Handbewegung: “Nein, nein, Sie sind von da unten, von Palästina oder wie immer das arabische Land heißt! Also von Arabien! Dorthin sollen Sie zurück! Und noch dazu sollten Sie uns dankbar sein, dass wir Sie hier aufgenommen haben. Ihnen geht es doch gut hier, oder? Schauen Sie Ihre Landsleute an, wie die in Flüchtlingslagern leben. Von wem haben Sie denn das Auto oder die Wohnung—und überhaupt, wem verdanken Sie, dass Sie Ärztin geworden sind? Das haben Sie uns zu verdanken.”

Ich bin dem Staat und den Deutschen dankbar, dass sie mich aufgenommen haben. Aber: Alles, was ich erreicht habe, habe ich aus eigener Kraft und auf Kosten meiner Kinder geschafft. Ich bin denjenigen Menschen in Deutschland und meinen Geschwistern im Ausland dankbar, die mir geholfen und mich in vielerlei Hinsicht unterstützt haben. Nicht jedem Menschen in Deutschland bin ich jedoch zu Dank verpflichtet. Wie es oft heute von mir verlangt wird.

In dem ägyptischen Dorf, in dem ich aufwuchs, wurden wir Kinder von anderen Kindern, von Ägyptern, mit Steinen beworfen. Wir sollten zurückgehen, woher wir kamen, zurück nach Palästina. Wir gehörten nicht zu Ägypten, wir seien feige Flüchtlinge. Ihre Soldaten müssten für uns sterben. Diese Sätze und Vorwürfe klingen immer noch in meinen Ohren. Wir hatten in Ägypten keine Rechte. Mein Vater durfte in seinem Namen über keinen Besitz verfügen. Wir waren nur geduldet und sollten so schnell wie möglich wieder nach Palästina zurückgeschickt werden. Bis heute haben die Palästinenser in keinem arabischen Land ein sicheres Bleiberecht. Das Gefühl der Verunsicherung, des fehlenden Schutzes ist mir zu Genüge aus diesen undemokratischen Ländern bekannt. Aber hier in einem Rechtstaat darf und muss es doch anders sein! Der Staat bietet mir zwar Schutz, gleichzeitig zeigen mir viele meiner Mitmenschen, viele aus dem deutschen Volk, den warnenden Finger.

Fragen über Fragen ohne Antworten lassen mich nächtelang wach in meinem bequemen Bett liegen. Dann frage ich mich, wie lange liege ich noch hier?

Dank der deutschen Staatsbürgerschaft habe und hatte ich mit meiner Familie das Glück, frei zu sein. Ich genieße offiziell völligen Schutz und Freiheit. Und doch ist das Gefühl der Sicherheit nach 50 Jahren der Geborgenheit und des Schutzes erschüttert. Bei meinen Geschwistern, die in nicht demokratischen Ländern leben, kann ich solche Gefühle verstehen, aber bei mir hier in Deutschland nicht.

Wohin soll, kann und darf ich denn gehen? Als Deutsche mit palästinensischen Wurzeln? Ich kann meinen Lebensabend in Deutschland nicht mehr sicher planen. Es ist ein Leben ohne Hoffnung, ohne Sicherheit, ohne Rast und ohne Schutz. Ein nacktes und verletzliches Dasein!

Die Menschen, die mir halfen, mich unterstützten und beschützen, Menschen, die zu mir standen im Guten wie im Schlechten, Behörden, die mich menschlich behandelten—soll das endgültig vorbei sein? Und doch ist es mein Deutschland, in dem ich leben darf, in dem mein Sohn begraben liegt. Deutschland ist meine Heimat, in der ich auch weiterhin leben möchte.

Ja, in Deutschland gewann ich an Wissen, und zugleich verlor ich die Wärme der Seele und der menschlichen Nähe. Deutschland hat mich umarmt, aber zunehmend verschwinden die umarmenden Menschen um mich herum. Keine warme Brise, keine Umarmung in einem geordneten Rechtssystem, in einem wertvollen und demokratischen Land. Warum?

Vom Gestern ins Heute

Das Höchste, was der Mensch besitzen kann, ist jene Ruhe, jene Heiterkeit, jener innere Friede, die durch keine Leidenschaft beunruhigt werden kann.

Immanuel Kant

DIE MEISTE ZEIT MEINES STUDIUMS verbrachte ich auf dem Uni-Gelände, zu dem zugleich auch das Universitätskrankenhaus Homburg/Saar gehört. Kurz nach dem bestanden Medizin Examen meines Mannes trennten wir uns[1]. Meine drei Kinder und ich standen nun alleine da ohne jegliche Aussicht auf finanzielle und soziale Hilfe. Wir waren zu diesem Zeitpunkt noch keine deutschen Staatsbürger und somit galt für uns dies bezüglich kein deutsches Gesetz. Also musste ich weiter arbeiten und uns vierer versorgen und zu gleich studieren. Ich saß in Vorlesungen oder arbeitend auf einer der Stationen, während meine Kinder in der Schule lernten. Wenn ich nachts arbeitete, dann schliefen sie. Tagsüber pendelte ich zwischen Hörsaal, dem Krankenbett meines Sohnes Talat in der Kinderklinik und dem Warteraum der Station K1, in dem meine Töchter saßen und auf das Ende der Bluttransfusion ihres Bruders warteten, damit wir danach nach Hause gehen konnten. In dieser Zeit erledigten sie ihre Hausaufgaben. Die Klinik wurde quasi zum Zuhause für meine kleine Familie. Oft gingen wir sogar gemeinsam in die Vorlesung: Ich saß vorn und die drei Kinder in der letzten Reihe. Zu Mittag aßen wir gemeinsam in der Mensa, und mit der Zeit gab das Personal meinen Kindern kleine Extraportionen ihrer Lieblingsspeisen.

---

[1] lesen Sie bitte dazu in meiner Autobiographie bei Ullsteinverlag

Manchmal kam Talat allein zu mir in die Uni, und die Töchter gingen zu Klassenkameraden in der Nachbarschaft.

Ich organisierte es so, dass, wenn ich nachts auf der Kinderstation arbeitete, Talat gleichzeitig die Transfusion erhielt. Er kam von der Schule direkt in die Kinderklinik. Am nächsten Morgen brachte ich ihn und seine Schwestern in die Schule und ging für einige Stunden schlafen, dann in die Vorlesungen oder umgekehrt. Zwei- bis dreimal pro Woche, ja manchmal sogar vier Mal, musste mein Sohn diese schmerzhafte und belastende Prozedur ertragen. Nicht selten befand er sich dabei zwischen Leben und Tod.

Schon kurz vor meinem Examen erhielt ich die Zusage, an verschiedenen Fachrichtungen in der Klinik eine Assistentenstelle zu bekommen. Ich konnte nun absehen, wann ich über ein gesichertes monatliches Einkommen verfügen würde. Ich mietete eine wunderschöne große Altbauwohnung mit vielen Räumen. Jeder, meine Kinder und ich, bekam ein großes, geräumiges Zimmer mit Musikanlage, Schreibtisch, gemütlichen Sesseln, passendem Bett und Schrank. Das Wohnzimmer mit Essbereich und vielen schönen Pflanzen bot uns allen eine behagliche, anspruchsvolle Atmosphäre. Auf mein bestandenes Examen, auf meine Kinder und auf unsere neue Wohnung war ich sehr stolz. Endlich hatten wir die schwierige Phase unseres Lebens hinter uns, es konnte nur besser werden.

Falsch gedacht. Denn meine beiden Töchter wollten heiraten. Das konnte ich nicht verstehen und war enttäuscht—auch wegen meiner eigenen Geschichte. In Ägypten musste ich kurz nach dem Abitur heiraten, besser gesagt: Ich wurde verheiratet. Das heißt, nicht, weil ich es wollte, sondern, weil es bei uns so Sitte und völlig normal war, dass die Eltern bestimmten, wann und mit wem ein Mädchen vermählt wird. In Deutschland hatten meine Töchter doch aber die völlige Freiheit, wann sie heirateten. Ich hatte gehofft, sie ließen sich Zeit; zuerst studieren oder einen Beruf erlernen und dann heiraten. Aber die Pläne meiner Töchter waren ganz anders. Sie wollten heiraten, Kinder bekommen und—für mich absolut unverständlich—zu Hause bleiben!

Damals in Ägypten fragte ich mich, warum mein Vater darauf bestand, dass meine Schwester und ich unser Abitur machten, bevor wir heirateten. Ich sah damals keinen Sinn in einem Abitur, wenn ich doch nach der Heirat sowieso zu Hause bliebe und Kinder bekäme. Inzwischen bin ich meinem Vater sehr dankbar, dass er es so entschieden hatte. Also machte ich in Kairo mein Abitur, eine Woche später war ich verheiratet.

Eigentlich wollte ich direkt nach der Schule Medizin studieren. Doch das ließ sich nicht mit den Plänen meines Vaters vereinbaren. Der Elternwille stand bei uns eben über dem der Kinder. Das war bei meinen eigenen Töchtern anders. Ich wollte, dass sie sich Zeit ließen und ganz eigenständig ihren Weg mit Bildung und Beruf gehen könnten, bevor sie heirateten. Aber ausgerechnet sie wollten nun genau das Gegenteil. Was für ein Paradox des Lebens!

Nach Abschluss meines Studiums arbeitete ich zuerst in der Chirurgie, später in der Orthopädie. Für eine Frau war es nicht leicht, eine Stelle in einem chirurgischen Fach zu bekommen, denn, so behaupteten die männlichen Kollegen und Chefs, Chirurgie sei nur etwas für Männer! Einige fragte mich allen Ernstes, ob ich nicht kochen könnte, um zu Hause zu bleiben und mich um Mann und Kinder zu kümmern. Andere boten mir sogar an, dabei behilflich zu sein, einen Mann zu finden, der mich und meine Kinder versorgt. Und das hier in Deutschland, wo ich sogar zeitweise die Worte Alice Schwarzers von der Emanzipation nicht verstanden hatte.

Aber es gab auch Ausnahmen, und die möchte ich nicht unerwähnt lassen. Vor allem Prof. Mittelmeier bin ich bis heute dankbar, dass er mir die orthopädische Facharztausbildung ermöglicht hat. Ich arbeitete bis abends, ging hinüber in die Kinderklinik zu meinem Sohn oder er kam, wenn ich Nachtdienst hatte, nach der Transfusion zu mir in die Orthopädische Klinik. Hatte ich Wochenendbereitschaft, saß oder lag er ganz still und unauffällig bei mir im Zimmer, las Bücher, schaute Fernsehen oder schlief. Er war immer bei mir oder ich bei ihm. Die Arbeit, meine Kollegen, das Klinikpersonal, die Patienten, bereicherten mein und sein Leben und halfen, auch die nicht enden wollenden Sorgen etwas erträglicher zu machen. Der alltägliche Kampf ums Überleben, all die vielen kleinen und großen Probleme, ja, die gab es natürlich. Stark belastete mich immer die Sorge um das Leben meines Sohnes. Seine schwere Erkrankung konnte man nicht heilen, nur erträglicher machen. Man konnte den Tod nur verschieben. Im Mittelmeer-Raum erleben Kinder mit einer solchen Krankheit nicht das Schulalter, hier in Deutschland war es meinem Sohn möglich, immerhin das 21. Lebensjahr zu erreichen. Danke an die Universität Homburg/Saar und all ihre Mitarbeitern. Danke, Deutschland.

Es gab auch viele schöne Stunden mit den Kindern und Freunden. Wir konnten unser Leben frei gestalten. Mein Beruf erfüllte mich mit Freude. Die Arbeit in der Universität war vielfältig. Die Wissenschaft, Lehre und Forschung, die Arbeit am Patienten, die Zusammenarbeit mit unserem Chef, der uns mit viel Erfahrung und Ehrgeiz die Medizin lehrte, brachten mich geistig wie menschlich weiter. Daneben waren es auch und vor allem Freunde, Bekannte und Sportkameraden, die mit mir durchs Leben gegangen sind. Ich lernte reiten und durfte meiner Liebe zu schnellen Autos nachgeben. In Homburg, Saarbrücken und Umgebung erfuhr ich viel über die deutsch-französische Geschichte und die Europas. Ich lernte, wie zwei Länder von Erzfeinden zu Freunden werden konnten. Das ließ vieles in mir wachsen und erweiterte meinen Horizont. Ich hoffte auf Frieden zwischen Israel und Palästina.

Ich lernte das Saarland mit seinen vielen Facetten kennen und machte wunderschöne Reisen durch Elsass-Lothringen, nach Paris, Südfrankreich, in die Toskana und nach Spanien. Begegnete der Schönheit der Natur ebenso wie der Geschichte dieser Länder. Es war eine wichtige Zeit in meinem Leben, in der ich vor allem vieles über Europa, seine Kriege, die Judenverfolgung und -ermordung lernte. Es war diese Feindlichkeit gegen eine religiöse Gruppe, die mich erfahren ließ, dass eine Regierung fähig sein konnte, Teile des eigenen Volkes gegeneinander aufzuhetzen und zu töten, und das alles im Namen der Staatsräson. Die deutsche Geschichte lehrte mich einiges über die zivilisatorischen Abgründe und darüber, wie manipulierbar Menschen sind, dass sogar Familienväter andere Kinder im Namen der "nationalen Sicherheit" in die Gaskammern geschickt und ihre Leichen anschließend verbrannt hatten. Bei meinem Besuch im KZ Mauthausen habe ich die Dokumentation jener unfassbaren Verbrechen gesehen und war tief erschüttert.

In Mauthausen spürte ich plötzlich eine ganz tiefe Trauer und Verunsicherung in mir, ich verlor in diesen Momenten das Vertrauen in die Menschheit. Wie konnten Menschen anderen Menschen so etwas antun? Wie konnten Nachbarn zuschauen, wenn Kinder, Frauen und Männer, Alt oder Jung, nur weil sie Juden waren, verbrannt wurden? Das Gefühl von Sicherheit in Deutschland, ja sogar woanders, wurde erschüttert und machte mir Angst. Dieses Trauma habe ich bisher genauso wenig ablegen können wie mein Trauma von 1972. Es begleitet mich, wo ich immer mich befinde. Heute noch, fast 50 Jahre in Deutschland lebend.

Dieser tiefe Bruch in meinem Leben ging im Laufe der Zeit nicht verloren, ist im Gegenteil sogar in den vergangenen Jahren nach der Maueröffnung stärker geworden. Albträume und Ängste begleiten mich, und mein vorheriges Vertrauen in eine demokratisch fundierte Staatlichkeit ist nie mehr zurückgekehrt. Daran haben auch meine Freunde in Deutschland nichts ändern können, denn der Staat kann anders entscheiden und sein Volk beeinflussen. Ich stelle mir häufig die Frage, was ist, wenn es noch schlimmer kommen sollte in Deutschland mit dem Fremden- und Ausländerhass? Meine Geburtsheimat, die heute Israel heißt, will mich nicht aufnehmen, und meine neue Heimat Deutschland will mich nicht umarmen und kann mir keinen bedingungslosen Schutz zusichern.

Ich fühlte mich auf eine besondere Weise einsam und schutzlos. Trotz der Menschen, die mich liebten und respektierten, so wie ich war: unsere deutsche Oma, die uns bekochte und umsorgte, unsere Nachbarn, die meine Kinder beherbergten, mein Chef und manche Kollegen, die mir die Facharztausbildung ermöglichten und nicht zuletzt Prof. Werner, der tagtäglich bei meinem Sohn am Sterbebett verbrachte und mir die Kraft gab, dies alles zu ertragen. Nicht zu vergessen all jene Menschen, die mich durch mein schweres Schicksal begleitet haben, mich umarmten und mir das Leben erleichterten. Sie alle haben mir meinen Weg mit bereitet, und sie alle haben mir geholfen, meine Ängste und Unsicherheiten ertragen zu können, um meinen Weg voller Kakteen relativ unbeschadet zu gehen. Ihnen allen möchte ich von Herzen danken.

Abschied

Lass mein Aug' den Abschied sagen,
den mein Mund nicht nehmen kann!
Schwer, wie schwer ist er zu tragen!
Und ich bin doch sonst ein Mann
(eine Frau, H. A.).

Johann Wolfgang von Goethe

Mit dem Tag, an dem mein Sohn starb, hat sich für mich sehr vieles verändert, ja, fast alles. Ich wurde eine andere Person, konnte nicht mehr richtig weinen oder lachen. Es gelangte nichts mehr in mich hinein. Es ging nur noch darum, zu funktionieren, um zu überleben. Überleben—wofür?, fragte ich mich oft. Für meine beiden bereits verheirateten Töchter? Die brauchten mich nicht mehr. Für meine Enkelkinder? Für mich selbst? Für wen oder was sonst? Ich wusste es nicht. Es gab keinen Morgen und keinen Abend für mich. Ohne Lebenssinn fiel ich in ein großes dunkles Loch. In diesem Zustand tiefster Depression mieden mich viele meiner Mitmenschen. Das ist durchaus nachvollziehbar, denn Trauernde verunsichern ihre Umwelt. Ja, oft sogar auch jene Freunde und Menschen, die ihnen ganz nahe stehen.

In dieser Zeit haben einige Abstand von mir und meinen Tränen genommen. Auch geliebte Menschen waren plötzlich nicht mehr da. Mein Schmerz war ihnen zu viel, und manch einer konnte ihn einfach nicht ertragen. Ja, ich war in diesem Augenblick vielen, sogar mir selbst, zur Last geworden.

Lange Jahre war die orthopädische Universitäts-Klinik Homburg/Saar meine berufliche und private Heimat gewesen. Jetzt, versunken in meiner Trauer, konnte ich das Universitäts-Gelände nicht mehr ertragen. Straßen, Gebäude und auch Menschen, alles erinnerte mich an meinem Sohn. Der tagtägliche Weg zur Arbeit war jedes Mal ein schwerer Kampf. Vor meinem inneren Auge sah ich immer wieder Talat durch die Gänge gehen, hörte seine Stimme, seine Gespräche mit meinem Chef und den Kollegen, und sah, wie freundlich ihn die Schwestern behandelten.

Für mich wurde das alles zunehmend unerträglich. Die Intensivstation gegenüber, auf der mein Sohn gestorben war, die Kinderklinik nebenan und die Räume meiner Klinik, in denen er so oft gesessen und auf mich gewartet hatte. Ich empfand weder Freude noch Trauer, nichts hatte mehr Sinn. Ich empfand überhaupt nichts. Ein leeres Etwas umhüllte meinen Körper und meine Seele. Einige Kollegen konnten das verstehen, aber die Zeit, die ich für meine Trauer brauchte, passte auf Dauer nicht ins Arbeits-Konzept der Klinik. Schon nach kurzer Zeit verlangte man von mir wieder volle Konzentration und Leistung. Verständlich, das war mein Beruf. Aber auch privat sollte ich wieder lachen und fröhlich sein. Jeder erwartete nach einer kurzen Karenzzeit wieder die Frau, die Freundin, die Kollegin von früher. Freundlich, lachend, witzig, energiegeladen und zu allem bereit. Nein, das konnte ich nicht mehr. Und kann es bis heute auch nicht. Aus mir ist ein anderer Mensch geworden. Versteinert an Körper und Seele. Ich sehnte mich nach Wärme, um diese Kälte in mir zu vertreiben. Es kam keine Wärme. Ich sehnte mich nach meinen Eltern. Aber auch sie waren nicht da, um mich in meiner Trauer zu trösten. Sie waren tot.

Warum ist mein Sohn vor mir gestorben? Fragen über Fragen. Und keine Antwort. Ich isolierte mich von allen Menschen, ich wollte Niemandem zur Last fallen. Nur mein Hund und mein Pferd waren meine ständigen und treuen Begleiter. Immer wieder derselbe Rhythmus: nach der Arbeit heimwärts, umziehen, mit dem Hund zum Stall, das Pferd striegeln, satteln und ausreiten. In der Natur konnte ich meinen Gedanken freien Lauf lassen. Und wenn etwas den traurigen Gedankenfluss unterbrach, waren es die Tiere des Waldes, die Schönheit eines Momentes in der Natur, ja, sogar auch der Lärm vom nahegelegenen Saarbrücker Flughafen war für mich nicht mehr da. In Gesellschaft meiner Tiere und inmitten der Natur verbrachte ich die Tage, Wochen, Monate und Jahre—mehr funktionierend als lebend.

Auch die Freude mit den mir vertrauten Menschen drang nicht mehr wie früher ins Innerste meines Herzens. Da war nur dieses große überwältigende und erdrückende Gefühl von Leere, Kälte und Verlorenheit. Und doch war ich froh, wenigstens die Tiere bei mir zu haben. Sie gehörten zu mir, sie trösteten mich, sie blieben an meiner Seite auch in der stillsten Zeit. Die Gedanken wie auch die Erinnerungen an meine Eltern und an meinen Sohn trug ich immer bei mir, wohin ich auch ging. Wie oft ging ich auf meinem Weg in die Reithalle und zurück auch zum Grab meines Sohnes? Fast jeden Tag, und wie oft wünschte ich mir, mit ihm dort zu liegen. Er, der immer in meiner Nähe hatte sein wollen, lag jetzt ganz allein und ohne mich tief in der dunklen, kalten Erde. Wie gern hätte ich seine Urne ausgegraben und sie mit mir nach Hause genommen!

Ich sah mich in die Tiefe driften. Ich kapselte mich zu lange ein. Jetzt beschloss ich, mich selbst herauszuholen. Ich suchte mir eine schwere Aufgabe, die meine Gedanken ablenkte, eine neue Lebensaufgabe musste her, um meinem Leben wieder einen Sinn zu geben. Das war ich mir, meinen Töchtern und den Enkelkindern schuldig. Ja, sogar meinem Sohn.

“Mama, mach dir ein schönes Leben, du musst mehr für dich tun. Du hast immer alles für uns gegeben, jetzt denk auch mal an dich!” Seine Worte klingen bis heute in meinen Ohren.

Und ich folgte ihnen, so gut ich konnte. Ich beschloss, den Ort zu wechseln und mich niederzulassen. Heute habe ich eine gut laufende Praxis, wohne in einer schönen Wohnung—und bin doch immer noch sehr einsam und allein. Jegliches Gefühl für materielle Werte ist mir verloren gegangen, jegliches Gefühl für menschliche Werte ist gestiegen. Und doch sind nur Leere, Kälte, Einsamkeit und Schmerz zu meinen Begleitern geworden und verdecken die Sicht auf all das Schöne und Gute um mich herum.

❧

Neubeginn

Nach drei Jahren tiefer Trauer und Dunkelheit, nach drei Jahren Kampf mit dem Verlust und der Einsamkeit versuchte ich, wieder in meinen Alltag zu finden. Nach drei Jahren Eiszeit fand ich einigermaßen Kraft für einen Neubeginn. Und ich fasste für mich endlich die Entscheidung, den Schritt in einen neuen Lebensabschnitt zu wagen. Ich wollte wieder Licht am Ende des Tunnels sehen. Ich musste etwas tun. Eine Lösung musste her, dachte ich. Das bin ich mir, meinen Töchtern und Enkelkindern schuldig! Kinder, die mich auch in dieser Phase allein gelassen hatten. Einerseits verstand ich das, denn sie mussten sich um ihre Kinder und Männer kümmern. Nun blieb ich allein ohne Mutter, ohne Kinder, ohne Freunde, nur mit meinem Hund und mit meinem Pferd.

Die Worte meines Vaters klangen stärker in meinen Ohren: “Du allein entscheidest über dein Leben, über dein Können, dein Wissen, dein Wollen und deinen Lebenszustand. Du allein bist für dein Handeln verantwortlich. Respekt geben und Respekt verlangen! Dazu musst du stehen. Du darfst niemandem anderen die Schuld geben.”

Und so verabschiedete ich mich von der Uni und wollte eine eigene Praxis gründen. Zugegeben, nicht leichten Herzens. Denn ich hing an der Tätigkeits-Vielfalt in der Universitätsklinik. Hier konnte ich operieren, war in der Ambulanz wie auch auf den diversen Stationen tätig, konnte forschen und gestalten, war Ärztin und Wissenschaftlerin. Bildete Studenten, Krankenschwestern sowie Pfleger aus und begleitete Kollegen zu ihrer Facharztausbildung. Der Kontakt zu Patienten, Kollegen, Physiotherapeuten und Pflegepersonal, die Betreuung der Gesundheitsämter und Körperbehinderten-Einrichtungen, das Planen und Gestalten in der Universität, auch die Zusammenarbeit mit den verschiedenen Ministerien machten mir Freude. Kurzum: die Bandbreite der Möglichkeiten und die damit verbundenen tagtäglichen Herausforderungen waren es, die mich bereicherten. Forschung, Lehre und Praxis unter einem Dach. Eine eigene Praxis stand für mich deshalb eigentlich gar nicht zur Debatte.

Aber ich musste etwas verändern. Ich musste mich selbst aus dieser Trauer, aus dieser Depression herausholen, und da gab es eben nur eine Lösung: Abschied und Neuanfang. Ganz woanders und ohne die Schatten der optischen Erinnerung. Und so trennte ich mich von der Universitätsklinik und gründete meine eigene Praxis—mit vielen Schulden und ohne jegliches finanzielle Polster.

Bei der ersten Begegnung in der Bank stellte man mir drei Fragen: "Wieviel Kapital haben Sie?", "Was für Sicherheiten bieten Sie?" und "Wieviel brauchen Sie?"

Nun, auf diese Fragen war ich absolut nicht vorbereitet, hatte mir nie davor Gedanken über einen Kredit gemacht. Meine Finanzen, Einnahmen und Ausgaben waren leicht zu überblicken, das Gehalt war festgelegt, und danach richteten sich die Ausgaben. Meine Antworten lauteten: "Ich habe kein Kapital.", "Materielle Sicherheiten habe ich auch nicht." und "Davon, was so eine Praxis kostet, habe ich auch keine Ahnung." Dann fragte ich gleich zurück: "Ihre Bank hat doch Ärzte als Kunden, Sie wissen sicher, wie viel ich benötige?" Der Direktor lachte, ich lächelte zurück und wusste nicht, woran ich war. Ich hatte einfach nur ehrlich geantwortet.

Einige Kollegen hatten mir schon zuvor auf Nachfrage und Bitte um Rat dringend von einer Niederlassung abgeraten. "Bleib besser an der Uni. Als Oberärztin hast du es angenehm und einfach auf allen Ebenen, auf alle Fälle besser als von Banken, Kassenärztlicher Vereinigung, Krankenkassen und schließlich auch den Entscheidungen der Politik abhängig zu sein." Keiner gab mir einen Rat, wie und was ich brauchte, worauf ich achten oder was ich vermeiden sollte.

Der Banker fragte weiter: “Warum wollen Sie eine eigene Praxis eröffnen?”

Ich musste tief einatmen, innehalten und mir Mut machen, denn die Gedanken kreisten um meinen verstorbenen Sohn. Das wollte ich ihm nicht sagen und auch nicht zeigen, wie tief traurig ich und wie wichtig eine Veränderung für mich war. Eine depressive, traurige Ärztin—welcher vernünftige Banker würde ihr Geld leihen?

Nach einer kurzen Pause, in der ich schnell meine gesamten Kräfte einsammelte, antwortete ich schlichtweg: “Um mich wirtschaftlich besser zu stellen.” Zugegeben, das war gelogen, aber die Wahrheit konnte ich eben nicht sagen, denn sie lautete: “Weil ich die Trauer um meinen Sohn nicht ertragen kann.” Ich konnte nicht sagen: “Ich sehe in meinem Leben keinen Sinn mehr!” Da hätte mir mein Gegenüber sicherlich keinen Kredit gegeben.

“Aha. Wirtschaftliche Besserstellung, so etwas hören wir gern”, antwortete der Berater und lachte dabei.

Das war die halbe Miete, dachte ich.

“Gut, gehen Sie zuerst zu Ihrem Steuerberater, er soll Ihnen einen Fünfjahres-Plan erstellen, mit Kosten auch für Ihr Praxisinventar und so weiter, und dann melden Sie sich wieder bei mir.”

Gesagt, getan. Hunderttausende von D-Mark benötigte ich. Zu meinem Erstaunen bekam ich sie auch. Das Vertrauen machte mich sehr stolz, und zugleich belastete es mich, denn ich wollte die Bank auf keinen Fall enttäuschen. Der Kredit musste zurückgezahlt werden, kostete es, was es wollte. Es musste weitergehen. Das war ich auch all denen schuldig, die an mich glaubten, mir Vertrauen und Respekt schenkten.

Nachdem ich die Zulassung der Kassenärztlichen Vereinigung erhalten hatte, mietete ich Räume an und richtete die Praxis ein. Allerdings, unerfahren wie ich war, ohne über das Kosten-Nutzenverhältnis nachzudenken. Ich kaufte zu viel Mobiliar sowie Geräte und stellte zu viel Personal ein. Unwirtschaftlicher ging es nicht.

Und als ich mich bei den benachbarten Kollegen vorstellte, hörte ich immer wieder: "Wir brauchen hier keine Orthopädin, wir decken hier alles selbst ab. Wir behandeln alle Erkrankungen, wir brauchen Sie nicht! Warum sind Sie nicht an der Uni geblieben?"

Mir war jetzt klar: Nichtsahnend vom Konkurrenzkampf der Praxen hatte ich mich auf unbekanntes und zudem gefährliches Terrain gewagt. Das war ein mehr als deprimierender erster Schritt in die neue Existenz. Kein freundliches Wort. Dieser völlig neue Umgang unter Kollegen war mir fremd. Ich verstand nichts. Woher auch? Keine Erfahrung, keine Ahnung vom Führen einer Praxis, von Wirtschaftlichkeit und Berufs-Konkurrenz. Ich war enttäuscht und betroffen. Warum sind die so zu mir? Was haben sie bloß gegen mich?

Als ich bei Freunden nachfragte, bekam ich die Antwort: "Du bist naiv. Hast du noch nichts vom Konkurrenz-Kampf gehört? Du wirst denen Patienten wegnehmen und somit ihre Einnahmen mindern."

"Aber ich bin doch keine Internistin, auch keine Dermatologin oder Neurologin, wir brauchen alle Fachrichtungen", entgegnete ich. "Ich brauche sie, um die Erkrankungen meiner Patienten fachlich abzuklären."

Alle lachten: "Irgendwann kommst du dahinter!"

Und so war es auch. Spätestens an dem Tag, als mich, angesichts meines leeren Wartezimmers und der gleichzeitig steigenden Kosten die Angst beschlich, meine Schulden nicht mehr begleichen und das Gehalt meiner Angestellten nicht bezahlen zu können, schlug mein Körper Alarm.

Ich bekam Herzrhythmus-Störungen, spürte Schmerzen in der Brust, rief den Internisten ein paar Häuser weiter an und sagte: "Herr Kollege, ich befürchte, ich habe einen Herzinfarkt. Kann ich zu Ihnen kommen?"

Seine Antwort: "Ja, morgen um acht Uhr. Heute habe ich keine Zeit".

Spätestens jetzt begriff ich, was meine Freunde mit ihrer Aussage meinten, ich sei hier unerwünscht. Noch nicht einmal als Patientin wollte er mir Hilfe leisten.

Bald füllte sich mein Wartezimmer. Fast alle Patienten kamen auf eigene Initiative zu mir, andere mit Überweisungen von Kollegen aus anderen Städten des Saarlandes. Ja, sogar von der Uni-Klinik kamen sie, und bald hatte ich eine der größten Praxen in meiner Stadt. Es ging aufwärts. Auch mit mir.

Zwei Jahre später sagte mir eine Patientin: "Liebe Frau Doktor, ich sehe Sie heute das erste Mal lachen, es freut mich so sehr für Sie!"

Das waren ermutigende Worte. Da wusste ich, dass ich gelernt hatte, mit der Trauer um meinen Sohn umzugehen. Und die, die mir dabei wesentlich geholfen hatten, waren auch und vor allem meine Patienten von überall her, aus Kleinblittersdorf, Auersmacher, Hannweiler, Bübingen, Güdingen, Homburg, Ottweiler, Saarbrücken, St. Ingbert, Saarlouis und vielen anderen Orten der Region. Ihnen allen bin ich zu tiefstem Dank verpflichtet, jedem von ihnen, der mir, ihrer Ärztin, hilfreich und stützend zur Seite gestanden und mich begleitet hat. Die Praxis wurde mein Zuhause und die Patienten meine Familie. Tag für Tag. Von morgens um Neun bis abends um Neun, oft auch am Wochenende. Das war nun mein neues Leben.

Auch für meinen geplanten Hauskauf bekam ich nun ohne weiteres ein Bank-Darlehen, hatte man doch mit mir gute Erfahrungen gemacht. Ich war kreditwürdig! Und das reichte für ein Haus in der besten Wohnlage Saarbrückens. Wie es dazu kam? Auch wieder so ein Zufall. Eines Tages, beim Spaziergang mit meiner erst wenige Wochen alten Labrador-Hündin Rieke, grüßte uns aus dem Vorgarten eines Hauses ein Mann. Ich grüßte zurück, der Hund lief schwanzwedelnd auf ihn zu, wir kamen miteinander ins Gespräch, und ich fragte den Hundefreund, ob er etwas über zu verkaufende Häuser in dieser Gegend wisse. Ja, kam unerwartet die prompte Antwort, seine Freunde wollten ihres verkaufen. Einige Wochen später war ich die neue Eigentümerin.

Nun ging das Gerede erst richtig los. Kollegen, Bekannte und Freunde diskutierten über meine Verrücktheit, meinen Erfolg und meine Kraft, dies alles zu gestalten, als immerhin alleinstehende und berufstätige Frau. Als nicht Bio-Deutsche, als Frau, erfolgreich, hat eine sehr gut gehende Praxis, ein Haus in der besten und teuersten Wohnlage der Stadt und besitzt ein Pferd, einen Hund und ein teures Auto. Es kann nicht mit korrekten Dingen zugehen, sagten viele laut.

Es gab durchaus richtig böse Stimmen, die ganz andere Fragen stellten: Wer steckt dahinter? Wer finanziert dich? Ölscheichs oder womöglich sogar eine Terrorgruppe? Wie kommt sie überhaupt zu so einem Haus, dem Oberklasse-Wagen mit dem Stern und der großen Praxis? Eine alleinstehende Frau! Das kann alles nicht mit rechten Dingen zugehen!

Sogar eine Politiker-Frau fragte mich dies ganz unverblümt, und ich antwortete ihr ruhig: "Mit Arbeit und nochmals Arbeit, dem Eingehen von Risiken und der Übernahme von Verantwortung."

Selbst ist der Mann, ja, aber die Frau erst recht, auch ohne Erbschaft und gutverdienenden Ehemann im Hintergrund. Ich spürte den Neid vieler wegen meines Wohlstandes, aber die wenigsten sahen meinen inneren Schmerz, mein Alleinsein und meine endlose Verlorenheit. Meine Kinder waren nicht mehr da, meine Geschwister und Eltern auch nicht! Mir bedeutet materieller Reichtum nichts, das Menschliche zählt viel mehr.

Dinge kommen und gehen. Mein Sohn kommt nie wieder! Mit dem Tod meines Sohnes und mit diesem unwiederbringlichen Verlust stand ich völlig allein da, dies hat vieles in meinem Leben und meine Sicht der Dinge relativiert. Das konnte mir keiner abnehmen oder verstehen, warum auch? Nicht viele haben ihr Kind verloren, und so konnten sie mich auch nicht verstehen.

Ich konzentrierte mich auf die Arbeit in meiner Praxis und suchte für mich und mein Leben eine neue Qualität. Zuhause, in meinen eigenen vier Wänden, gestaltete ich mein Leben, wie ich konnte und wollte. Ich verbrachte viel Zeit in meinem Garten. Nur wenige, mir liebe Menschen hatten Zugang zu diesem Bereich. Sowohl privat wie auch beruflich gab es sie, die Menschen, die mir Liebe, Kraft und Respekt entgegen brachten. Ohne sie hätte ich es nicht geschafft, meinen eigenen Weg weiter zu gehen. Sie alle waren und sind gebürtige (*Bio-*) Deutsche. In der Ferne waren und sind meine Geschwister.

HEPATITIS

ICH STÜRZTE MICH IN DIE ARBEIT IN MEINER PRAXIS, um zu vergessen und aus Angst, meine Kredite nicht zurückzahlen können. Alles lastete auf mir allein, alles war für mich neu und belastend. Ich hatte noch dazu meine Rücken- und Knie-Schmerzen, die aus früheren Arbeitsunfällen resultierten. Abends war ich froh, endlich zu Hause zu sein, um mich auszuruhen und Kräfte zu sammeln für den nächsten Tag. Und so ging Tag für Tag die Zeit herum, ohne ein privates oder soziales Leben. Ab und zu traf ich mich mit Freunden oder Bekannten; in Urlaub ging ich kaum.

1996 verschlechterte sich meine Gesundheit schlagartig. Ich schleppte mich mit viel Mühe in die Praxis. Es waren qualvolle Jahre, die ich durchstehen musste. Ich zeigte niemandem, wie schlecht es mir ging.

Oft erinnerte ich mich an meinen Vater, als ich ihn bei Spaziergängen in unserer Straße in Kairo begleitete. Manchmal hatte er durch seine Asthma-Erkrankung kaum Luft bekommen, er musste ab und zu stehen bleiben, um besser atmen zu können. Aber wenn wir bei den Nachbarn ankamen, richtete er seinen Körper auf, stolz ging er freundlich grüßend an ihnen vorbei—ohne ein Zeichen der Atemnot.

So ähnlich ging es mir bei meinen Patienten, Freunden und Bekannten. Ich gab mich immer gesund und stark! Niemand konnte erahnen, wie schwach und müde ich körperlich und seelisch war. Es brauchte viele Untersuchungen und Recherchen, bis sich die Diagnose feststellen ließ. Bei einer der Operationen, die ich in der orthopädischen Uni-Klinik durchgeführt hatte, hatte ich mich mit Hepatitis C angesteckt. Es begann eine schwere Therapie mit mehreren Medikamenten, die ich sehr schwer vertrug. Jetzt merkte ich spätestens, es gab kein Entrinnen, ich musste mich schweren Herzens der Tatsache stellen, meine Praxis zu verkaufen.

Zwei Jahren Höllenqual! Zwei Jahre lag ich fast nur im Bett. Ich war froh, dass ich ein Haus mit Garten hatte, damit mein Hund sich auf dem Grundstück bewegen und erleichtern konnte. Denn es war für mich unmöglich, regelmäßig mit ihm spazieren zu gehen. Das Wenige, das ich an Lebensmitteln und Hundefutter brauchte, besorgte mir meine damalige Haushaltshilfe.

Mein geschwächter Körper schaffte es gerade noch zur Toilette und zum Öffnen der Terrassen-Tür für den Hund. Ich lag einfach so da, konnte nichts tun; nur die treue Hündin Rieke war meine Begleiterin.

Ich war körperlich sehr schwach geworden, auch seelische Schmerzen beherrschten mein Leben. Aber der Kampf ums Überleben, um Unabhängigkeit, Würde und Lebensqualität war mir durch meinen Vater in Kairo nicht fremd. Ich kämpfte täglich mit meinen Schmerzen und ging arbeiten. Keine Schwäche zeigen! Das war das Motto meines Vaters und jetzt meines.

Da die Hepatitis-Infektion eine anerkannte Berufserkrankung war, erhielt ich eine monatliche finanzielle Unterstützung von der Berufsgenossenschaft—leider aber viel zu wenig, um davon leben zu können. Daher war ich darauf angewiesen weiter zu arbeiten.

Kollegen, die zugunsten der Berufsgenossenschaft Gefälligkeitsgutachten schrieben, damit sie weitere Aufträge bekamen, schädigten rücksichtslos die Patienten und verminderten oder verhinderten sogar, dass diese eine Unfallrente bekamen. So war es auch in meinem Fall. Auch vor Kollegen machten sie keinen Halt.

ALLTAG IN SAARBRÜCKEN

Es ist Unsinn, sagt die Vernunft,
Es ist, was es ist, sagt die Liebe
(zu meinen Kindern, H. A.).
Erich Fried

VON HEPATITIS C WIEDER EINIGERMAẞEN GENESEN, verkaufte ich die Praxis und eröffnete im Stadtzentrum eine neue und vor allem kleinere Praxis. Jetzt konnte ich auch einmal eine Mittagspause machen und das Treiben der Menschen auf dem Marktplatz und unter dem großen alten Baum genießen. Menschliche Kontakte waren und sind immer wichtig für mich. Im Austausch mit anderen konnte und kann ich meine Mitte finden. Sie sind Korrektiv und Bereicherung, ja, auch zuweilen Enttäuschung. Aber so ist das Leben, und Menschen jeglicher Herkunft und Hautfarbe spielten und spielen darin immer eine wichtige Rolle. Sie waren mir Nahrung für Körper, Seele und Geist. Das Leben ist wie eine Kaktusfrucht, süß und doch voller Stacheln. Sie heißt auf Arabisch "Sabrah". Das Wort bedeutet auch Geduld und ist daher eine schöne Parabel auf mein Leben: süß, zugleich stachlig und eine Geduldsprobe.

In der Mittagspause fuhr ich nach Hause. Als ich in meiner Garage einparkte, hörte ich hinter der Tür bereits das freudige Bellen meiner Hündin, so als ob sie sagen wollte: *Willkommen daheim—jetzt gehen wir spazieren!* Jeden Mittag und jeden Abend war sie da, nahm, sobald ich die Tür geöffnet hatte, ihre Leine ins Maul und kam mir schwanzwedelnd entgegen, begrüßte mich kurz und trabte dann vor mir her Richtung Wald. Das war wie eine Aufforderung: *bitte folgen*!

An diesem Tag war ich nur kurz mit ihr im Wald, dann fuhren wir beide in die Stadt. Auf dem Marktplatz, unter dem großen Baum, suchte ich uns einen freien Tisch am Rande und nahm Platz, die Labrador-

Hündin zu meinen Füßen. Sofort kam die Kellnerin, sie kannte uns bereits. Für den Hund gab es eine Schüssel mit Wasser. "Sehr freundlich und aufmerksam", dachte ich, aber ich war es ja nicht anders gewohnt, jedes Mal das gleiche Ritual: Platz nehmen, Begrüßung, Wasserschüssel.

Während ich in meiner Zeitung blätterte, ging ein Kollege mit seiner Frau an mir vorbei und suchte nach einem geeigneten Tisch. Direkt neben mir war einer frei, ich rief hinüber: "Hier könnt ihr Platz nehmen, wenn euch der Hund nicht stört."

Der Kollege kam auf mich zu, begrüßte mich und stellte mir seine Frau vor. Kaum saßen sie neben mir, erzählte er schnell und stolz: "Meine Frau ist auch Ärztin. Nach unserer Heirat und ihrer Schwangerschaft hat sie sich für die Familie entschieden. Sie wollte uns allen das Leben verschönern, zu Hause bleiben, um mehr Zeit für die Kinder und für mich zu haben, nicht wahr Schatz?"

Der leicht bestimmende Unterton in seiner Stimme war nicht zu überhören, und mit einem Blick auf seine Frau fuhr er fort: "Ich konnte mich so mehr auf meine Arbeit konzentrieren. Jetzt, nachdem ich mich niedergelassen habe, hat meine Frau die Möglichkeit, mir ab und zu in der Praxis behilflich zu sein. Gleichzeitig kann sie sich langsam in die ärztliche Routine einarbeiten und die Abrechnung für die Privatpatienten erledigen. Die Kinder sind jetzt größer geworden und brauchen die Mutter bald nicht mehr."

Während der Kollege von seiner Frau sprach, erinnerte ich mich an die Worte meines damalige Anatomie-Lehrers, Professor Kuhlenkampf, der Frauen im Medizinstudium überhaupt nicht gern gesehen hatte, oder, um es mit seinen Worten auszudrücken: "Frauen nehmen den Kommilitonen einen Studienplatz weg, angeln sich einen Mann, lassen sich schwängern und bleiben dann zu Hause." Ich musste innerlich schmunzeln.

Mein Tischnachbar schien sich wohl zu fühlen, sowohl familiär als auch jetzt in seiner eigenen Praxis. Auch seine Frau war damit anscheinend einverstanden und fühlte sich gut. Es freute mich sehr für die beiden, und ich spürte eine beruhigende Zufriedenheit, mich für die

Niederlassung entschieden zu haben, denn die Äußerungen des Kollegen gaben mir Mut. Und gleichzeitig beneidete ich ihn für diese schöne Partnerschaft, denn ich war in meinem Alltag und mit allen Lebensentscheidungen völlig allein. Zu zweit hätte sich vieles leichter ertragen lassen. Aber man kann nichts erzwingen im Leben. Entweder ergibt sich eine Partnerschaft oder nicht.

Wir verbrachten eine angenehme Mittagspause miteinander und kamen über viele persönliche Dinge ins Gespräch. Solch ein Austausch unter Kollegen war mir neu, denn damals in der Klinik hatte es weder Zeit noch Gelegenheit zum Gespräch über persönliche Gefühle, geschweige denn private Probleme gegeben.

Anschließend brachte ich meine Hündin wieder nach Hause und schaute ihr nach, wie sie sich traurig und zögerlich schwer auf ihrem Platz in der Diele niederließ. Während ich zurück zur Praxis fuhr, kreisten viele Gedanken durch meinen Kopf. Das war nun wieder ein neuer Lebensabschnitt. Die Töchter verheiratet, der Sohn tot. Und ich völlig allein. Beruflich wie privat. Kein Kind, kein Mann, keine Mutter, kein Vater warteten auf mich. Nur mein Hund, mein Pferd und ab und zu Freunde und Bekannte. Man verabredet sich. Alles ist geplant. Welcher Tag? Um welche Uhrzeit? Zum Essen oder nur auf einen Drink? Alles Planung, alles hat seine Ordnung. Wie die Einrichtung daheim. Qualitativ hochwertig, stilvoll und mit Hang zum Bauhaus-Design.

Auch die Einliegerwohnung sollte schön eingerichtet werden, es durfte an nichts fehlen. Wenn meine Töchter mit ihren Kindern und Männern zu Besuch kamen, sollten sie sich wohl fühlen. Wenn es mir jetzt finanziell gut ging, dann sollte es meinen Kindern ebenso gut gehen. Ein Haus voller Freude und Leben sollte es sein, in den Sommerferien oder zu Weihnachten. Ein schönes Familienleben. Alles nach Plan. Ich gab alles, was ich geben konnte für meine Kinder und deren Kinder. Inzwischen hatte ich acht Enkel; vier Mädchen und vier Jungs. Zum Glück sind alle gesund. Danke, lieber Gott, für dein Geschenk.

❧

Bist du eine Bio-Deutsche?

In einem Restaurant oder Café meine Mittagspause zu verbringen, war für mich etwas ungewohnt Neues und bis dato unvorstellbar. In meiner Zeit an der Uni-Klinik hatte es das nicht gegeben, auch nicht in den ersten Praxis-Jahren in Kleinblittersdorf. Da gab es nur Arbeit, Arbeit und noch einmal Arbeit. Von morgens bis abends, ohne Kaffee- oder Mittagspause. Jetzt in der neuen Praxis konnte ich mir das leisten.

Auch die Wochenenden konnte ich gestalten, wie ich mochte. Oft genoss ich nun meine Mittagspause auf dem Marktplatz, ich konnte einen Nachmittag die Praxis schließen, ja, wenn ich wollte, einen ganzen Tag aussetzen oder sogar eine Woche. Das war das erste Mal, dass ich leben konnte, wie ich es wollte. Und das tat ich auch nach Herzenslust—gern und immer wieder auf jenem Marktplatz, wo ich mich früher abgehetzt aus der Klinik kommend gegen Abend mit meinem Sohn getroffen hatte. Nun beobachtete ich alles in Ruhe: den von Geschäften, Cafés und Restaurants umsäumten Platz mit seinen Stühlen und Tischen; die Berufstätigen beim Mittagessen, die Marktbesucher, Touristen oder Einkaufsbummler. Ich war nunmehr eine stille Beobachterin. Fast alle Geschäfte mit ihren Verkäuferinnen und Eigentümern kannte ich—und sie kannten mich.

Plötzlich blieb mein Blick an einer hochgewachsenen, hübschen jungen Frau hängen, die gerade über den Platz ging. Selbstbewusst und zielstrebig kam sie in die Richtung des Cafés, wo ich saß, nahm unter dem alten, groß aufragenden Baum auf einem nicht weit von mir entfernten freien Stuhl Platz und legte ihre schwarze Handtasche und die Einkaufstüten auf den Stuhl daneben. Die Tasche schien aus hochwertigem Leder hergestellt zu sein, schlicht, aber elegant und zur Besitzerin passend, deren gesamte sportlich-elegante Erscheinung sich mit ihren angenehmen Gesichtszügen verband. Immer wieder griff sie in eine der zahlreichen Tüten und betrachtete ihre zerwühlten Einkäufe. Sie nahm sie aus der Tüte heraus, schob sie wieder hinein und wiederholte dies immer wieder, als ob sie sich der Qualität ihres Einkaufs und des noch Vorhandenseins der erstandenen Ware vergewissern wollte.

Ich kannte das. Diese Freude über den Einkauf, aber auch gleichzeitig die Frage, ob das alles wirklich so richtig war. Sie schien mit den Dingen jedoch zufrieden zu sein, denn zwischendurch strahlte sie, und ihr Gesicht entspannte sich wie bei einem kleinen Kind, das sich über ein Stück Schokolade freut. Sie sprach leise zu sich, so, als ob sie zu sich sagen würde: "Das habe ich gut gemacht, ich habe gut eingekauft." Von meinem Platz am Nachbartisch konnte ich sie gut beobachten und jede ihrer Bewegungen fast fühlen. Es trennte uns nur der leere Stuhl, den ich zwischen meinem Hund und dem nächsten Tisch als Schutzwall (denn manche Gäste mögen keine Hunde oder haben Angst vor ihnen) freigehalten hatte.

Diese junge Frau dort spiegelte quasi meine eigenen Gedanken wider, wenn ich mir ein teures Kleidungsstück gekauft hatte und mich dann wiederholt fragte, ob ich das Geld nicht besser für meine Kinder oder für etwas anderes ausgegeben hätte. Da war immer mein schlechtes Gewissen den Kindern gegenüber, auch noch, als sie schon längst verheiratet waren. Hätten *sie* nicht lieber das Kleid, die Hose oder den Pullover haben sollen? Ja, auch ich saß oft nach dem Einkauf im Café und überlegte ernsthaft, die Sachen doch wieder zurück zu bringen und meinen Töchtern das Geld zu geben. Oder wäre es nicht sinnvoller, das Geld armen Menschen zu schenken? Aber mein Ego siegte, ich behielt meine Einkäufe, und bald gab ich meinen Kindern als Ausgleich Geld oder Sachen, die sie brauchten. Naja, schließlich machten ja auch Kleider Leute, und gute Kleidung für mich und meine Kinder war mir immer wichtig. Das hat uns Respekt gebracht, und dies erleichterte uns das Leben.

Zurück zur jungen Frau nebenan. Die Kellnerin fragte freundlich danach, was sie essen oder trinken wollte. Langsam, als ob sie nachdachte, hob die Angesprochene den Kopf und streifte mit einer eleganten Handbewegung ihr dunkles Haar aus dem Gesicht. Und jetzt im Profil wirkten Hals, Kinn und Nase fast wie von Künstlerhand erschaffen.

Sie lächelte. “Einen schwarzen Tee hätte ich gern! Haben Sie auch etwas Süßes? Ich habe Appetit auf etwas Süßes!”

“Kuchen haben wir”, kam die Antwort, “im Café können Sie sich ein Stück aussuchen!”

“Nein, ich möchte nicht aufstehen. Bitte, bringen Sie mir etwas, das für die Gegend hier typisch ist.”

“Da könnte ich Schwarzwälder Kirschtorte empfehlen, Linzer-Torte oder Florentiner.”

Noch während die Bedienung das Angebot aufzählte, unterbrach die junge Frau sie: “Bringen Sie mir bitte ein Stück Apfeltarte! Haben Sie die?”

Kurzes Staunen und ein überraschter Blick der Kellnerin. Wahrscheinlich dachte sie, dass ihr Gast sehr wohl Recht hatte, keine Schwarzwälder Torte zu bestellen. Denn typisch für diese Gegend war sie tatsächlich nicht. Sie ging nachdenklich ins Café zurück. Nach einer Weile kehrte sie zurück, auf dem Tablett ein Glas Tee, Zucker und ein Teller mit einem Stück Apfelkuchen nach französischer Art: ein dünner Boden, belegt mit vielen feinen Apfelscheiben, darüber ein hauchdünner Geleeguss, gekrönt von einem adretten Sahnehäubchen. Die elegante junge Frau schaute lange auf ihren Kuchen, schien die einzelnen Apfelscheiben zu zählen. Dann schob sie eilig ihre Beute in die Tüten zurück, rückte ihren Stuhl näher an den Tisch und setzte sich aufrecht hin. Ganz genauso hätte ich mich auch verhalten! Sie verkörperte mein Spiegelbild, dachte ich und beobachtete sie weiter im Stillen.

Die Bedienung stellte alles auf den Tisch, richtete sich auf und blieb noch stehen. Es schien sie etwas zu beschäftigen.

Die junge Dame wühlte wieder in ihren Tüten. Als sie bemerkte, dass die Bedienung noch am Tisch stand, hob sie ihren Kopf und fragte: “Muss ich gleich bezahlen?”

“Nein, nein, ich möchte Sie nur etwas fragen, wenn ich darf.”

“Ja, bitte.”

“Woher kommen Sie?”

"Ich bin Deutsche, aber was meinen Sie?"

"Ich frage mich, woher Sie tatsächlich kommen. Sie sind doch keine Deutsche!"

"Doch ich bin Deutsche, hier geboren, hier zur Schule gegangen, und hier arbeite ich."

"Ist Ihr Vater Deutscher?"

"Ich verstehe Sie nicht. Warum fragen Sie mich so etwas?"

"Na ja, Sie sehen nicht wie eine echte Deutsche aus. Ihr Haar, Ihre leicht braun gefärbte Haut, Ihre Art eben, nicht Ihre Sprache, Sie sprechen sehr gut Deutsch. Wo haben Sie Deutsch gelernt? Wie lange haben Sie dafür gebraucht?"

"Hören Sie, ich bin Deutsche und hier in dieser Stadt geboren!"

Ich war überrascht, dass die Kellnerin ihrem Gast so viele Fragen stellte, im hiesigen Stadtbild fanden sich zahlreiche Franzosen, Türken, Afrikaner, und auch ich sehe nicht typisch *bio-deutsch* aus! Aber mich kannte sie ja schon, dachte ich. Ein gefühlter Augenblick der Unsicherheit zwischen einer gebürtigen *(Bio-)Deutschen* und einer nicht gebürtigen Deutschen entstand. Die Unterhaltung brach nicht ab. Ich wollte zahlen und gehen. Meine Patienten warteten sicherlich schon auf mich. Ich bat die Bedienung deshalb um die Rechnung. Es dauerte.

Ich wurde schon ungeduldig, da kam sie endlich, begann alles zu addieren und sagte gleichzeitig, es sei doch nicht normal, dass Ausländer ihre Herkunft leugneten. Sie schaute dabei die junge Dame am Nachbartisch an. Sie müsste doch stolz darauf sein, anders auszusehen und eine andere Kultur zu haben, das sei doch eine Bereicherung! Für sie und auch für uns. Austausch eben—sie lernen von uns etwas und wir von ihnen. Sie, und damit meinte sie mich, haben Ihre Herkunft immer gleich dazu gesagt, das war doch in Ordnung, Sie sind anders als diese Dame.

Ich fragte sie, warum sie glaube, die junge Dame sei eine Ausländerin.

Sie sagte: “Schauen Sie sie doch an! Sie sieht doch anders aus als wir Deutschen. Sie sieht eher südländisch aus, auch wenn sie gut Deutsch spricht, blonde Haarsträhnen hat, teuer gekleidet ist und sich als Deutsche ausgibt. Sie sieht eher wie Sie aus. Ich wette mit Ihnen, sie ist keine gebürtige Deutsche. Sie ist eine Ausländerin, auch wenn sie hier geboren ist, die deutsche Staatsbürgerschaft hat und gut Deutsch spricht, das sieht man doch. Sie verleugnen ja auch nicht Ihre Herkunft. Sie machen keinen Hehl daraus, warum tut sie das?”

“Meine Liebe, die Menschen sind verschieden und doch überall gleich, sie muss wohl ihre Gründe haben, warum sie solche Antworten gibt. Das können wir nicht ändern, wir haben es zu akzeptieren und zu respektieren! Wenn sie hier geboren ist und sich als Deutsche fühlt, ist das völlig in Ordnung, dafür muss sie nicht blond und blauäugig sein.”

Ich zahlte und ging. Aber die Worte der Bedienung ließen mich nicht los. Weil die Frau anders aussah, wurde sie bereits als Fremde betrachtet und anders behandelt. Auch die Erwartung an sie war eine andere. Dies alles hat mich sehr berührt, denn ich selbst hatte—und habe immer noch—mit derlei Reaktionen zu kämpfen. Wäre meine Nachbarin blond und hellhäutig, kämen diese Fragen nicht zustande. Ich ging absichtlich an ihrem Tisch vorbei und warf einen Blick auf die Zeitung in ihrer Hand. Ein Wirtschaftsblatt. Gut, dachte ich, eine gebildete und integrierte Ausländerin, was, bitte sehr, gab es daran auszusetzen? Im Gegenteil, es freute mich sehr, denn Menschen wie sie profitieren von den hiesigen Strukturen und liegen dem Staat nicht auf der Tasche, wie man so schön sagt. Mal ganz zu schweigen von der Bereicherung unserer Gesellschaft! Dazu freut es mich auch, dass Frauen mit Migrationshintergrund manchen Männern aus demselben Herkunftskreis, meiner Erfahrung nach, oft weit überlegen sind. Denn sie sind eher in der Lage, sich anzupassen, wissen um das Nehmen und Geben, können sich austauschen und sich in völlig anderer Weise neu orientieren als manche Männer. Gern hätte ich mehr von der fremden Unbekannten gewusst, aber ich musste zurück in die Praxis.

Ärzte unter sich

Einige Wochen später traf sich unser Berufsverband im stadtbekannten Restaurant Kunze, unweit der Staatskanzlei. Der Inhaber kochte, seine Frau war für den Service zuständig und kümmerte sich um die Gäste. Ein sehr liebenswertes Paar, bei dem ich gern zu Gast war. Ich freute mich auf diesen Termin, auf ein schmackhaftes Essen und ein gutes Glas Wein. Ja, und ich freute mich nicht zuletzt auch auf ein Wiedersehen mit den Kunzes.

Anlass des Treffens war die aktuelle Gesundheitsreform. Wir Ärzte mussten informiert werden, aber auch selbst unsere Patienten darüber aufklären können. Mit jedem Regierungswechsel änderte sich auch etwas im Gesundheitswesen. Es ging um die Verhandlungen zwischen Krankenkassen und Kassenärztlichen Vereinigungen über Pauschalen. Diskutiert wurde auch, warum nicht alle Patienten eine Rechnung vom Arzt bekommen, die der Patient kontrollieren könne, sie dann an seine Versicherung weiterreiche und die die Krankenkasse dann bezahle. Warum wollen dies die Krankenkassen nicht? Warum lassen sich Politiker auf Wünsche der Krankenkassen ein und sind nicht einfach Anwälte ihrer Wähler? Die Krankenkassen, so der Vorwurf, bereicherten sich auf Kosten von Patienten und Ärzten. Das betraf auch Krankenhäuser und deren Angestellte, vom Chefarzt bis zur Reinemachefrau. Ich konnte mit all dem wenig anfangen, von dieser Politik verstand ich nichts. Ich hatte nur im Auge, wie ich meine Patienten fachlich möglichst gut behandelte. Schließlich hatte ich Medizin studiert und nicht Betriebswirtschaft! Oder Politik. Dachte ich. Also, sagte ich mir, zu diesem Treffen musst du unbedingt gehen und mal hören, was die älteren Kollegen für Ratschläge geben.

Welche Überraschung, als ich das Restaurant betrat und die junge Dame von neulich an einem der Tische sitzen sah! War sie womöglich eine neue Kollegin?, fragte ich mich. Da sie aber allein und etwas abseits saß, konnte sie eigentlich nicht zu unserem Verband gehören, es waren im Restaurant auch andere Gäste und nicht nur Mediziner.

Ihre Augen waren dunkel und stark geschminkt und erinnerten mich unwillkürlich an die Pharaonen-Abbildungen aus dem Ägyptischen Museum in Kairo. Sie las in einer deutschen Zeitung und war wieder auf die ihr eigene Weise elegant gekleidet. Über die Schultern fiel ein weicher Schal, verziert mit roter Stickerei an beiden Enden. Sofort erkannte ich diese Muster wieder, denn meine Mutter besaß auch solche Schals. Diese Tücher gehörten zu palästinensischen Trachten.

Vor der fremden Unbekannten stand ein halbvolles Glas Rotwein auf dem Tisch. Sie aß mit Genuss, las interessiert und machte sich zwischendurch Notizen. Als sie bei der Bestellung ihres Essens betonte, dass sie kein Schweinefleisch wünschte, war ich etwas irritiert und musste sofort an meine ersten Monate, nein Jahre, in Deutschland denken, als auch ich mich stets vehement geweigert hatte, Schweinefleisch zu essen.

Und wieder beschäftigte mich diese junge Frau. War sie Palästinenserin oder Ägypterin? Seit wann mochte sie wohl hier in der Stadt leben? Saarbrücken ist relativ überschaubar, sie hätte mir längst auffallen müssen.

Meine Kollegen waren alle geborene Deutsche. Bis auf zwei: Einer war Italiener, der wurde eh noch als Europäer akzeptiert, insbesondere in Sachen Weinberatung. Der andere aber war gebürtiger Palästinenser mit jordanischer, später deutscher Staatsbürgerschaft—ein *Deutscher mit Migrationshintergrund*, wie man heute so sagt. Bio-Deutsche und Deutsche mit Migrationshintergrund; neue Ausdrücke, neue Meinungen, um Menschen voneinander zu unterscheiden, um Menschen zu trennen und klarzumachen, wer zu diesem Land gehört und wer nicht! Oder?

Man sah ihm die Andersartigkeit quasi an, mit seinem schwarzlockigen Haar, den dunklen Augen, der braunen Haut. Also, er hatte einfach kein *deutsches* Aussehen. Nun ja, er war eben ein Araber. Für die *Bio-Deutschen* war überhaupt jeder, der aus dem Nahen Osten kam, dunkle Haut und lockige Haare hatte, entweder Araber oder Perser. Und

Moslem dazu. Araber—Moslem—Terrorist war eine feste Vorstellung geworden. Ein einfaches Etikett, das auch viele Menschen den Flüchtlingen verpassen. In deren Augen sind Araber immer Moslems. Das heißt: Christen und Juden, die Araber sind, gibt es in deren Vorstellung nicht. Auch Kirchen und Synagogen existieren angeblich im Nahen Osten nicht. So viele Vorurteile und nochmals Vorurteile—und das in einem freien demokratischen Land. Ich konnte es nicht glauben, als ich dies hörte. Und so etwas hören wir auch heute, wenn Politiker über Flüchtlinge reden: Sie wollen keine Flüchtlinge haben, weil sie alle Moslems sind. Christen aus Syrien und dem Irak gibt es in deren Augen nicht. Es sind alles Moslems! Was für eine Engstirnigkeit, was für absichtliche Falsch-Informationen und was für eine Polarisierung! Ich dachte, dies gäbe es nur in diktatorischen und ungebildeten Gesellschaften!

Abraham, so hieß er, hatte vor seiner Praxisgründung in einem Krankenhaus in der Nachbarstadt Saarlouis gearbeitet. Nach seinem Studium in Deutschland war er hiergeblieben, hatte eine Deutsche geheiratet und später auch die deutsche Staatsangehörigkeit erhalten. An der Uni war er im selben Semester wie mein Mann und ein Frauenheld der besten Sorte, das hatte er übrigens mit dem Italiener gemeinsam. Die meisten Studentinnen hatten nur Augen für ihn, belagerten ihn, wo auch immer er war. Er wurde von seinen Geschlechtsgenossen um die Mädchen-Auswahl beneidet.

Ich kann mich noch gut daran erinnern, wie neidisch mein Mann damals auf ihn war! Fast alle interessanten Frauen in dem Semester hatten immer nur etwas für diese gut aussehenden Männer übrig!

Aber ich habe so manches nicht begreifen können. Auch nicht, warum der umschwärmte Kollege, und mit ihm auch einige andere arabische Männer, nach so vielen Jahren in Deutschland, immer noch im traditionellen Denken und Verhalten der arabischen Kultur verhaftet geblieben waren. Da gab es kaum Austausch mit Deutschen und ihrer Kultur. Man muss bestimmt nicht alles übernehmen, aber einiges. Man sollte wirklich nicht alles abgeben, aber einiges.

Als der Frauenschwarm Abraham noch vor dem Examen seine unscheinbare *bio-deutsche* Frau heiratete, waren die meisten seiner Kommilitonen ziemlich erstaunt. Hatten sie doch erwartet, er würde eine Araberin ehelichen und keine Deutsche. Dazu war seine Frau weder Medizinerin noch überhaupt berufstätig.

Abraham war einer der jüngsten Studenten in seinem Semester. Mit noch nicht einmal zwanzig Jahren hatte er sein Studium begonnen. Er war ein sehr fröhlicher und lebensbejahender Mensch. Heute ist er sehr ernst und verschlossen.

An diesem Abend allerdings war er ungewöhnlich diskussionsfreudig.

Einer der Kollegen unterbrach ihn, seine Stimme wurde laut und ungeduldig: “Ausgerechnet du spricht von Demonstrationen und Widerstand gegen die in unserem Gesundheitssystem herrschende Zustände? In deinem Land herrscht doch nur Diktatur, da darf keiner ein Wort sagen, geschweige denn die Politik in irgendeiner Form kritisieren. Du bist hier in Deutschland, genießt unsere Freiheit, und jetzt gibst ausgerechnet du uns Nachhilfeunterricht in Demokratie? Sei froh, dass wir die Kassenärztliche Vereinigung haben. Du gehst mir schon lange auf die Nerven mit deinem Gerede, warum gehst du nicht zurück und versuchst, das mal in deinem Land durchzusetzen? Ihr Araber gebt im Nahen Osten keine Ruhe, die Juden in Israel müssen unter euch leiden. Und nicht genug damit: Auch hier in Deutschland sorgt ihr für Krawall. Du bist doch Palästinenser, warum verlasst ihr nicht die besetzten Gebiete, geht zu euren Brüdern in die anderen arabischen Länder und lasst sowohl Israel als auch uns in Ruhe? Wir brauchen hier keine Moslems, die nur Unruhe stiften und uns bekehren wollen!”

Ich war erschrocken und entsetzt. Nicht nur über seine Wortgewalt und Lautstärke, nein, vor allem über den Inhalt. Denn das, was er da zum Kollegen Abraham gesagt hatte, betraf auch mich! Ich schaute erst den Kollegen an, dann unseren Landesverbands-Vorsitzenden und sagte: “Diese Unterhaltung ist unserer nicht würdig. So dürfen wir miteinander nicht umgehen!”

Keine Chance. Es ging unvermindert weiter: "Hier bist du Gast, du musst dich zuerst integrieren, dich anpassen und uns dankbar sein, dass du hier bist und die deutsche Staatsbürgerschaft erhalten hast. Was du alles hier erreichen konntest, hättest du im Traum nicht in deiner Heimat erreichen können. Bilde dir ja nicht ein, weil du einen Lappen von unserem Staat bekommen hast *(gemeint war der deutsche Pass)*, einen Designeranzug trägst und teure Wagen fährst, dass du auch als Deutscher angesehen oder behandelt wirst. Nein, mein Lieber, du bist und bleibst Immigrant, Ausländer. Völlig egal, wie lange du hier lebst. Halte dich da raus, lass besser uns dies regeln. Du hast keine Ahnung, was läuft und was nicht. Du hast weder die Sensibilität noch den Durchblick. Du hast auch nicht das Recht, unsere Gesetze und unser System zu kritisieren. *Wir* dürfen das. *Du* nicht. Wenn es dir hier nicht gefällt, geh dahin zurück, woher du gekommen bist: nach da unten!"

Harte und direkte Worte. Wie bekannt sie mir doch waren. Erschreckend bekannt, und dann noch aus dem Mund eines gebildeten Menschen in einem demokratischen Land! Wie oft habe ich Ähnliches hören müssen, gar nicht mal in meinen ersten Jahren als Studentin, sondern später als Ärztin. Auch und vor allem in der Phase der Vorbereitung des Irak-Krieges habe ich mir immer wieder so etwas anhören müssen. Rassismus in reinster Form. Und es hörte nicht auf. Nach der Wiedervereinigung ist es sogar stärker geworden.

Es herrschte Stille in der Runde, eine unangenehme und peinliche Stille. Für wen peinlich? Vielleicht für alle.

Plötzlich hörte der Kollege schlagartig auf zu reden, hatte er doch wohl bemerkt, welch eisige Atmosphäre den Raum durchzog. Mich fröstelte plötzlich.

Es vergingen spürbar lange Minuten, in denen keiner ein Wort auszusprechen wagte, es war unheimlich ruhig im Raum. Die meisten Kollegen waren überrascht und vielleicht auch beschämt. Keiner der *biodeutschen* Kollegen aus der Runde sagte ein Wort. Waren sie mit dem, was da gesagt worden war, etwa einverstanden? Oder schämten sie sich und standen unter Schock über diese deutlichen, unhöflichen, anmaßenden und taktlosen Vorwürfe?

Abraham blickte schweigend in die Runde. Wir konnten sehen, wie er seine Kiefer gegeneinander presste und mit den Zähnen knirschte. Dann stand er auf, schaute jeden einzelnen noch einmal schweigend und fragend an, vielleicht auch auf Unterstützung hoffend. Aber wir saßen alle nur versteinert und stumm da und blickten hilflos drein. Auch ich habe nichts sagen können oder wollen und wartete prüfend die Reaktion der Kollegen ab.

Abraham legte einen Geldschein auf den Tisch und verließ zügig den Raum. Zurück blieb unsere Runde in betroffener Sprachlosigkeit.

Der vormals aufbrausende Kollege wurde rot und verlegen. "Tut mir leid, dass ich die Diskussion gestört habe", sagte er. Das war es. Nichts darüber, dass er den Kollegen und mich beleidigt hatte.

Ich überlegte mir lange, ob ich später allein mit ihm reden sollte, aber dann konnte ich mich nicht mehr beherrschen. Nach einem kurzen Blick auf den Vorsitzenden brach es aus mir heraus: "Wenn der Kollege sich nicht bei mir und meinem Kollegen entschuldigt, muss auch ich die Runde verlassen und erkläre meinen Austritt aus dem Verband! Ich möchte nicht wieder in Deutschland Gewalt gegen eine Minderheit erleben, das hatten wir schon einmal! Wehret den Anfängen!"

Der Vorsitzende blickte in Richtung des Kollegen und sagte, "wenn du Probleme mit jemandem hast, dann regele das allein außerhalb unserer Runde". Fertig. Das war's für ihn.

Die Diskussion lief weiter. Ziemlich verhalten, mal sachlich, mal emotional, durchweg sehr getrübt und schleppend. Ich war immer noch konsterniert, erwartete von unserem Verbandpräsidenten andere Worte, ein Machtwort. Aber es kam nichts.

Da konnte ich nicht anders, stand auf, schaute den Kollegen an und sagte: "Ich erwarte von dir eine klare Entschuldigung, sowohl dem Kollegen Abraham als auch mir gegenüber. Ich habe bis jetzt geschwiegen, um euch Gelegenheit zu geben, einen nicht *Bio-Deutschen* zu verteidigen.

Aber leider kam nichts. So ein Verhalten bin ich von meinen Freunden und vielen anderen Deutschen nicht gewohnt. Ich schäme mich, dich als Kollegen zu haben! Ich erwarte eine Entschuldigung, ansonsten werde ich diesen Tisch nicht länger mit dir teilen. Respekt zolle ich nur den Menschen, die auch andere respektieren, und du gehörst nicht zu dieser Kategorie!" Er entgegnete nichts. Aber wenigstens standen zwei Kollegen mit mir auf und unterstützten mich.

Man einigte sich schließlich darauf, ihm den Heimgang und eine abkühlende Dusche zu empfehlen. Kaum war er gegangen, kam das Gespräch wieder auf das vorherige Thema.

Ein Kollege erhob sich, die Runde horchte auf. "Ich möchte noch mal etwas zu Abraham anmerken. Lange habe ich übrigens wegen dieses Namens geglaubt, er sei Jude. Habe ihn immer freundlich und höflich behandelt, verständnisvoll und mit Nachsehen. Schließlich haben wir ein großes Verbrechen an den Juden begangen. Ich persönlich hatte mit dem Holocaust nichts zu tun. Aber würde ich ihn, den Juden, kritisieren, hätte man mich sofort des Antisemitismus' geziehen. Dazu noch der Ärger an meiner Arbeitsstelle. Umso mehr war ich beruhigt, ja, geradezu erleichtert und befreit, als ich erfuhr, dass er Araber ist. Jetzt konnte ich ihm bedenkenlos meine Meinung sagen und mich ganz normal verhalten. Ein Muslim kennt unsere Kultur nicht, im Gegensatz zu einem Juden. In der Tat scheint es einem Araber wohl schwer zu fallen, uns und unser Verhalten zu begreifen und vor allem den Umgang mit Demokratie. Wie sollte er auch? In seinem Land herrschte und herrscht nur Diktatur und Korruption, Befehl und Gehorsam. Die haben noch nie in einer Demokratie gelebt. Es ist für ihn sehr schwer, sich zu finden und alles zu begreifen. Er kam ja schon vorgeprägt durch seine Religion und Kultur hierher nach Deutschland. Wir müssen Verständnis für ihn haben und..."

Spätestens jetzt wurde er unterbrochen: "Ob er Christ oder Moslem ist, spielt überhaupt keine Rolle. Er hat sich nach unseren hier geltenden Werten zu richten."

“Sie irren, lieber Kollege”, kam die Antwort. “Wenn zwei Kulturen so dicht aufeinander treffen, kann es nur zur Bereicherung für beide Seiten kommen. Vorausgesetzt natürlich, er und wir wollen es! Ein *richtiger* Deutscher wird nie aus ihm werden, aber das muss ja auch nicht sein. Wir können froh sein, dass er sein Studium beendet hat, Arzt geworden und mit einer deutschen Frau verheiratet ist! Was ich damit sagen will, ist, er übernimmt deutsche Werte und gibt etwas zurück von seinen kulturellen Werten. Dazu ist er enorm fleißig. Seine Kinder gehen hier zur Schule und werden mit deutschen Wertvorstellungen groß. Was, liebe Kollegen, wollen wir denn noch mehr?”

Die beiden Diskutanten ließen nicht locker. Ein Wort ergab das andere, jeder wusste es besser. Was sollte das alles? Ich schaute beide lange an und sagte nichts.

Mich schmerzte die Tatsache, dass wir, egal wie lange schon in Deutschland lebend, immer noch von vielen als Fremde angesehen werden. Ich wollte mich in das Gespräch nicht einmischen, wartete einfach ab, wer was sagte und dachte nur darüber nach.

Meine ursprüngliche Kultur war mir teilweise fremd geworden, und meine neue verweigerte mir immer wieder die freundliche Aufnahme.

Mein Gestern akzeptiert mich nicht mehr, das Heute akzeptiert mich immer noch nicht. Ich bin und bleibe die eigentlich unerwünschte Außenseiterin, egal, was ich sage oder tue. Ich sitze immer zwischen den Stühlen. Die Folge ist eine zunehmende Distanz. Ein Umstand, der mir oft Angst macht, so ganz ohne Sicherheit und das Gefühl des Geborgen-Seins in einer mich umarmenden Heimat.

Mir kam die Äußerung eines in Tel Aviv lebenden christlich-arabischen Palästinensers mit israelischem Pass in den Sinn: “Israel ist wie eine Mutter zu mir, die ihr Kind nie umarmt hat.” Ein guter Vergleich, wie ich finde. In Israel haben viele jüdische Israelis ihre palästinensischen Mitbürger, Christen wie Muslime, umarmt. Der Staat hingegen nicht. In Deutschland war es genau umgekehrt: Hier hat der Staat mich umarmt, aber viele seiner Bürger nicht! Ob es Abraham wohl ähnlich gehen mochte?

In meiner alten Heimat erkannte ich die Menschen an ihrer Mimik, ihrer Sprache und ihrer Gestik. Ihre Wärme begleitete mich, wo immer ich war. Alles war mir bestens vertraut. Alle und alles gaben mir Kraft und Geborgenheit in meinem Leben. Hier in Deutschland bin ich völlig allein und nur dem Gesetz verpflichtet. Hier habe ich die Sicherheit des Staates, des Gesetzes, der Demokratie und der Freiheit. Das Gesellschaftliche blieb und bleibt mir oft und immer wieder fern und vorenthalten, vieles bleibt zwischen den Zeilen und für mich nicht lesbar. Es unterliegt Vorurteilen und Regeln. Kälte begleitet und umhüllt vieles und viele. Hier in diesem Land habe ich zwar weitaus bessere materielle Möglichkeiten, aber oft für mich schlechtere soziale Bindungen. Die bedingungslose Liebe und Vertrautheit zwischen den Menschen—wo gibt es sie noch? Es hat alles seinen Preis. Und der ist oft sehr hoch, für manche fast unbezahlbar. Sowohl für gebürtige als auch für nicht gebürtige Deutsche.

Wie oft dachte ich sehnsuchtsvoll an meine Anfangsjahre hier, wie oft aber träumte ich mich auch in mein ägyptisches Dorf zurück und sah das durch die Baumwollfelder hüpfende Kind vor mir—unbeschwert tanzend und begleitet von den Tönen einer Panflöte.

Der verbale Schlagabtausch der beiden Kollegen riss mich wieder aus meinen Gedanken. Die Runde hörte weiter schweigend zu, keiner mischte sich mehr in das Gespräch ein, ich auch nicht. Vielleicht wollten wir es nicht näher an uns herankommen lassen, womöglich wollten wir einfach das Fremde, für uns Unverständliche und Beängstigende, nicht wahrhaben, vielleicht waren wir aber auch schlichtweg zu müde in dieser späten Stunde und wollten einfach nur nach Hause.

Auch die junge Dame am Nebentisch erbat ihre Rechnung. Die Restaurantbesitzerin persönlich kam zu ihrem Tisch, kassierte, verabschiedete sie mit Handschlag und einem freundlich-herzlichen Lächeln, der Kellner half ihr in den Mantel und begleitete sie zum Ausgang. Unsere Blicke trafen sich kurz, als sie hinausging, und wieder erschien vor meinem geistigen Auge meine Mutter mit diesem schönen Schal, der Kopf und Schulter umhüllte. Ich überlegte kurz, ob ich nachfragen sollte, wer die Geheimnisvolle sei, tat es dann aber doch nicht.

Anschließend saß ich noch eine ganze Weile in meinem Wagen vor dem Restaurant und schaute in die Dunkelheit. Durch meinen Kopf wirbelten die Gespräche der letzten Stunden. Das, was ich gehört hatte, ließ mich nicht los. Und da war es dann wieder, dieses Gefühl von Fremdheit und Unsicherheit. Diese allumfassende Einsamkeit und das Gefühl, in meinem neuen Heimatland einfach nicht dazu zu gehören. Das Laternenlicht schimmerte verschwommen und schwach. Plötzlich spürte ich in mir eine tiefe Traurigkeit, und meinen Körper durchzog wieder diese eisige innere Kälte. Ich fuhr los und durchkreuzte ziellos die nächtlichen Straßen meiner Stadt.

Außenseiter

Abraham hat sich kurze Zeit nach unserem Stammtisch-Treffen sowohl von der Kassenärztlichen Vereinigung als auch von uns getrennt, seine Praxis verkauft, ein Restaurant und einen Gemüseladen gekauft und in seinem Einfamilienhaus eine Privatpraxis eröffnet. Hier konnte jeder Patient den köstlichsten schwarzen Tee mit oder ohne frischer Pfefferminze trinken und dazu, ganz nach Wunsch, arabische Süßigkeiten genießen, verzaubernde Köstlichkeiten aus seinem eigenen Laden. In seinem Geschäft gab es das beste Lamm der Stadt. Alles war außerordentlich sauber und aufgeräumt und nicht so unübersichtlich wie in so manch anderem arabischen oder türkischen Laden. Die Regale waren gefüllt mit Gegenständen aus dem Orient. Von Kleidern über Trinkbehälter und unterschiedlichste Glasgegenstände verschiedenster Form und Größe bis zu Geschirr und aufwendig verzierten Tischen und Stühlen. Daneben gab es auch zahlreiche Produkte aus Deutschland, Frankreich und Italien. Als Angestellte hatte er sich zwei gutaussehende junge Araber geholt, die den Verkauf zwar recht unprofessionell, dafür aber mit unwiderstehlichem Charme erledigten.

Nach einem Besuch bei ihm erzählte jener Kollege, der ihn neulich noch so hart angegangen war: “Hut ab. Der hat sich einen besseren beruflichen Standard geschaffen als die meisten von uns. Ich frage mich nur, von wem er diesen hervorragenden Geschmack wohl hat? Vielleicht von seiner Frau, eventuell von einem Freund? Am ehesten wahrscheinlich war es ein Architekt. Also, es tut mir heute richtig leid, ihn so angegriffen zu haben. Das wusste ich ja alles nicht. Ich glaube, ich habe ihm Unrecht getan!”

Ich empfand Respekt für den Kollegen, dass er dies aussprach.

Abraham war stets wach und aufgeschlossen für alles Neue, registrierte, verarbeitete und handelte kurz entschlossen, gradlinig und unbeirrt auf dem Weg, der ihm als der richtige erschien. Seine ganze

Person strahlte Ruhe und Bescheidenheit aus, und professionelle Qualität hatte für ihn einen ganz hohen Stellenwert. Ein durch und durch zuverlässiger und vertrauenswürdiger Mensch. Eine selten gute Mischung aus arabischer und deutscher Kultur. Umso mehr freute es mich natürlich, dass derselbe Kollege, der ihn vormals so scharf angegriffen hatte, nun anscheinend auf dem besten Weg war, sich ein anderes Bild von ihm zu machen.

"Als ich ihn das erste Mal besuchte", fuhr er fort, "spürte ich, welches Behagen sich in seiner Praxis ausbreitete. Nicht nur das Ambiente, auch die Ruhe und Entspanntheit, mit der er und seine Angestellten die Patienten begleiteten, untersuchten, diagnostizierten und therapierten. Ich war angenehm überrascht. Überrascht vor allem, dass ein arabischer Mann sich für Möbel und Design interessiert. Denn, zugegeben, meist ist auch das Frauensache. Arabische Männer bleiben oft sehr konservativ in ihrer Kultur verhaftet, auch, was die Hauseinrichtung betrifft. Abraham war und ist einfach nicht der *typische Araber*. Er hat die Freiheit, sich niederzulassen, optimal genutzt. Hat sich unabhängig von allen ihn einengenden organisatorischen Zwängen gelöst und kann jetzt mit Leib und Seele Mediziner sein. Aber neben den Vorteilen hat er damit auch alle Nachteile in Kauf genommen, für seine Vorstellungen und Ideale viel riskiert und weder Mühe noch Kritik gescheut. Anders als viele von uns, die mehr auf Sicherheit bedacht sind und sich oft selbst blockieren statt einfach etwas Neues anzufangen!"

Hörte ich da womöglich noch etwas anderes in seinen Worten? Schwang da eventuell auch ein kleiner neidischer Unterton mit? Vielleicht, weil Abraham es wagte, sich vom Joch des Systems zu befreien? Auf einige meiner Kollegen wirkte er unheimlich und verunsicherte sie. Manche konnten ihn nicht einschätzen. Sie verstanden ihn nicht, auch nicht seine Signale, seine Ausdrücke, seine Gefühle und sein Verhalten. Für sie war und blieb er ein lebendes Rätsel. Und das führte unweigerlich zu Fragen wie: Wird er von seinen Angehörigen unterstützt? Oder, ziemlich abenteuerlich: Sind womöglich Ölscheichs im Hintergrund?

Oder gar eine Terrororganisation, die ihn finanziert? Ist er schlimmstenfalls vielleicht ein sogenannter Schläfer, also ein Terrorist, der jahrelang ein scheinbar ganz normales Leben führt, um dann plötzlich loszuschlagen, weil sein Auftraggeber ihm dies befohlen hat?

Eine Zeitlang ging in Deutschland diese Angst um, vor allem nach den Anschlägen des 11. September 2001. US-Präsident George W. Bush und viele Medien hatten sie in die Welt gesetzt und mit der Gleichung "Muslim + Araber = Terrorist" viele Menschen, auch in Deutschland, verunsichert, zumal die Medien das auch noch vielfach vorbehalt- und kritiklos übernommen und weiterverbreitet haben. Ich konnte diese hanebüchenen Spekulationen und Gerüchte wirklich nicht mehr hören! Zumal sie oft auch benutzt wurden, um Neid, Ängste und Vorurteile gegen anders aussehende, denkende und glaubende Menschen zu schüren.

Mich freute absolut neidlos der Erfolg des Kollegen. Es war ein hart errungener Erfolg, er war mit sich im Reinen, wie er immer wieder betonte. Und ich glaubte ihm.

Wir beide hatten ähnliche Erfahrungen mit unserer Gesellschaft gemacht. In den Augen vieler war ich irgendwie ein seltsames Zwischending. Und gerade Männer ließen mich dies spüren. Kaum ein arabischer Kollege hat mich einmal zu sich und seiner Familie nach Hause eingeladen oder mit mir Kontakt gesucht. Und genauso selten hat mich ein deutscher Mann auf Augenhöhe akzeptiert. Ganz nach dem Motto: "Du bist zu stark und selbstständig, das verträgt ein Mann nicht!" Oft ist der Grat des Unterschiedes zwischen einem arabischen und einem deutschen Mann sehr schmal, vor allem, wenn es um Macho- und Imponiergehabe geht.

Der Kollege berichtete noch einiges von und über Abraham, wenn wir uns trafen. Ja, er beschäftigte sich intensiv mit ihm, mit seinem Restaurant und seinem Laden.

“Bei meinen ersten Einkäufen und Restaurantbesuchen”, erzählte er uns eines Tages, “nahm ich meinen Freund Stephan mit, der häufig in arabischen Ländern gewesen ist und mich immer wieder hat überreden wollen, mit ihm nach Damaskus, Kairo oder Beirut zu reisen. Neulich, nach einem Besuch in Amman, hörte er nicht auf, mir von den hervorragend ausgestatteten Kliniken zu erzählen, dem guten Essen, den freundlichen Menschen, vom Suk (dem Basar) und vom Toten Meer. Wisst Ihr eigentlich, dass in dieser Gegend die älteste Zivilisation der Menschheit ist?”

Prompt fiel ihm einer der Anwesenden mit scharfer Stimme ins Wort: “War, mein Lieber, war!” Mit einem leicht verächtlichen Unterton fuhr er fort: “Heute regieren dort Despoten. Bitte, wer sagt hier die Wahrheit? Unsere Politiker? Unsere Presse? Nun ja, vielleicht liegt die Wahrheit in der Mitte: Die Hälfte sind Fanatiker und die andere Hälfte Despoten!” Viele fanden dies witzig und lachten dabei.

Mich befremdeten diese Gedanken und die Art der Erzählung über Araber, über andere Menschen.

Mich befremdete diese Sprache und Vorstellung über andere Kulturen. In meinem Kopf kreisten die Gedanken über den sogenannten Westen: Dieser unterstützt Diktatoren, die ihr Volk unterdrücken. Er beliefert diese Despoten mit Waffen und schert sich nicht um die Menschenrechte in diesen Ländern. Der Westen hat Millionen Juden getötet, und jetzt hilft er mit, Millionen Moslems und Christen zu töten. In Kairo lehrte mir mein Vater Respekt gegenüber andere Religionen und Kulturen. Im Westen erlebe ich es anders. Unterstützt wird, wer im eignen Interesse agiert. Mit dem werden Geschäfte gemacht. Der Wert der Menschen—ob nun Juden, Christen oder Moslems—hängt von vielen Faktoren ab. Nur nicht davon, dass es sich um Menschen handelt.

Das Restaurant des Doktor Abraham

Der besagte Kollege hatte sich mittlerweile bei Abraham entschuldigt und kam bei unseren Treffen immer wieder auf ihn zu sprechen. Irgendetwas an diesem Mann schien ihn besonders zu faszinieren. Auch wenn ich ihn zufällig in der Mittagspause traf, fing er wieder mit diesem Thema an. Ich spürte, da arbeitete noch einiges in ihm, und Vorurteile kämpften gegen sein zunehmendes Interesse an diesem Menschen aus der ihm so fremden Kultur.

Aber er wollte mehr wissen, das fand ich durchaus positiv und machte ihm einen Vorschlag: "Lassen Sie uns doch einander heute Abend in seinem Restaurant treffen!"

Zu meiner Freude stimmte er zu.

Ein orientalisches Ambiente ist nicht jedermanns Sache. Und auch der Lärmpegel in einem arabischen Restaurant ist für manchen durchaus gewöhnungsbedürftig, versteht man doch zuweilen in dem Stimmengewirr kaum das Wort seines Gegenübers. Die Gäste: ausschließlich Männer. Der Service, gleichfalls nur Männer, arabische, versteht sich. Und keine bezaubernde Scheherazade, wie mein Begleiter bedauernd anmerkte. Tja, da war wohl der Wunsch der Vater des Gedankens und die Enttäuschung umso größer. Seine Frage an den Kellner hinsichtlich des Fehlens einer weiblichen Bedienung hätte ihm dann fast noch einen Lokalverweis eingebracht.

Nur meine Vermittlung konnte die Wogen der Empörung wieder glätten.

"Unsere Frauen bedienen keine Fremden, nur uns, ihre Männer, unsere Freunde und den Rest der Familie", belehrte ihn der Kellner. "Unsere Frauen werden von uns Männern verwöhnt, sie müssen nicht arbeiten, nicht einkaufen gehen, sich nicht mit unnötigen Problemen belasten! Wir ersparen unseren Frauen damit so manche Beleidigung und Missachtung, nicht zuletzt von Menschen wie Ihnen!"

Aus. Schluss. Ende des Gespräches. Das Gesicht des Kellners sprach Bände und erlaubte keine weitere Gegenrede. Er drehte sich um und ging. Klar war, diesen Ort hat eine Frau mit ihrem Mann oder der Familie nur als Gast zu betreten, wenn überhaupt. Eine Alternative gab und gibt es nicht.

"Es ist die Achtung und der Respekt vor den Frauen, der die Männer veranlasst, so zu denken und zu handeln", erklärte der uns bedienende junge Kellner später.

Und schon ging es wieder los, und ein Wort ergab das andere. Es ging, wie üblich, um arabische und deutsche Sitten, um Anpassung und Assimilation, um Traditionen und darum, wer wem etwas überstülpt.

"Wir schätzen die Freiheit hier, aber wir müssen nicht alles von der hiesigen Kultur übernehmen. Wir schätzen das Land hier, aber wir müssen nicht alles annehmen. Wir müssen uns in der Gesellschaft nach dem Gesetz richten, aber im Privaten müssen und wollen wir unsere Tradition leben." Und so weiter und so fort. Wer übernimmt von wem was? Wer muss sich wem anpassen, warum und wie weit?

"Da muss ich doch sehr bitten", kam es zurück, "unsere Frauen sind nicht unterdrückt, und sie fühlen sich auch nicht unterdrückt. Im Gegenteil: Wir schützen unsere Frauen, sie brauchen nicht zu arbeiten, sie können sich ausruhen, für die Kinder sorgen, sind entspannt und nicht gehetzt wie so manche deutsche Frau in ihrem verzweifelten Versuch, Familie und Beruf unter einen Hut zu bringen. Wie war es denn früher in Deutschland? Arbeitende Mütter waren die Ausnahme, und eine Frau musste erst die Genehmigung und Erlaubnis ihres Mannes haben, um arbeiten zu dürfen. War das damals für die Familie etwa schlecht? Und ist es heute besser? Wo und von wem wurden früher ältere Menschen gepflegt? Von ihren Angehörigen, von ihren Frauen. Und heute? Da werden sie in ein Altersheim abgeschoben! Wie viele Frauen sind denn in den Vorständen von großen Firmen oder Banken? Wie viele in leitenden politischen Positionen? Auch hier, mitten in dieser so hoch gelobten westlichen Gesellschaft, werden Frauen auf allen Ebenen benachteiligt, nicht zuletzt finanziell: Mit der gleichen Arbeit verdient ein Mann mehr als eine Frau. Hier in Deutschland, wohlgemerkt! Und *du* willst mir sagen, dass es unsere Frauen besser haben sollen?"

Mein Kollege faltete seine Serviette hektisch zusammen: "Es hat einfach keinen Sinn, weiter zu diskutieren. Ich sehe doch, wie die Türken und Araber ihre Frauen behandeln. Ich schaue mir an, wie sie gekleidet sind und wie sie sich zu verhalten haben. Er hat das Sagen, und sie muss gehorchen!"

Mich berührte dieses Gespräch zutiefst. Eigentlich war es ja gar kein richtiges Gespräch, sondern eine Abfolge von Monologen. Dabei nahm jeder für sich in Anspruch, im Besitz der Wahrheit, und überhaupt der bessere Mensch zu sein. Nur die eigene Kultur war das einzig Wahre. Nur das eigene Recht galt. Eine Brücke zum Verständnis des anderen gab es nicht. Dafür umso mehr Vorurteile und Verletzungen. Auf beiden Seiten. Manches war durchaus richtig beobachtet, anderes hingegen zu hart und ohne Verständnis für die Position des Gegenübers.

Schnell bezahlte ich die Rechnung, und wir verließen das Restaurant. Wohl rechtzeitig noch, wer weiß, vielleicht hätten sie uns womöglich irgendwann hinausgeworfen? Für mich stand an diesem Abend fest, dass ich mit meinem Begleiter nie mehr hierher kommen wollte. Ja, eigentlich mochte ich mich mit diesem unbelehrbaren Zeitgenossen, der einfach nicht begreifen konnte, dass es Kulturen gab, die der seinen ebenbürtig und gleichberechtigt waren, überhaupt nicht mehr treffen.

Es sollte ganz anders kommen, denn zu meinem Erstaunen zog es den Kollegen immer wieder in Abrahams Restaurant. Nur wenige Tage nach dem recht unerfreulichen Disput rief er an und lud mich zum Essen ein. Es sollte nicht das letzte Mal sein, was mich erstaunte, aber auch erfreute.

Mit der Zeit änderte sich einiges im Verhalten und im Umgang miteinander zwischen meinem Kollegen und dem Restaurant-Mitarbeiter. Der Kellner fand immer einen Platz für uns. Sofort kam der Tee, und sobald wir uns für ein Gericht entschieden hatten, servierte man uns eine Vorspeisen-Vielfalt, von der wir allein schon satt werden konnten. Dazu Wasser, Kaffee und Tee. Dachten wir am Anfang noch, dass auch ein Glas Wein nicht schlecht wäre, vermissten wir den Alkohol nach einiger Zeit schon nicht mehr. Für deutsche Gäste und Mägen war beim Essen manches erst einmal gewöhnungsbedürftig, zum Beispiel diese seltsam-undefinierbare Kichererbsen-Paste, auf der das Olivenöl schwamm (Humus), gefolgt von frittierten Bällchen aus pürierten Bohnen oder Kichererbsen, Kräutern und Gewürzen (Falafel), danach Tomatensalat, dazu hauchdünnes Fladenbrot. Aber anstatt die Vielfalt der orientalischen Köstlichkeiten zu genießen, nörgelte mein Kollege oft weiter. "Du wirst sehen, was wir davon haben, wenn eines Tages diese Muslime unser Land besetzen: Spätestens dann sind wir verloren! Schau dir doch die arabischen Männer hier mal an: Sie schmusen mit deutschen Frauen, benehmen sich wie ausgemachte Machos—und kassieren Arbeitslosengeld oder Sozialhilfe. Auf unsere Kosten und von unseren Steuern leben sie!" Auch dieser verbale Giftpfeil ging daneben. Aber wir lachten auch, und mit der Zeit gewöhnten wir uns sogar an sein Gequatsche, das anscheinend wohl nur dazu diente, seine Angst vor dem Unbekannten zu überdecken.

Oft vermisste ich meinen Hund bei diesen Abenden, aber er durfte nicht mit ins Restaurant. Nun ja, Araber mögen eben keine Hunde. Und auch bei diesem Gedanken musste ich wieder inne halten und mich im Stillen fragen: Was und wer bin ich? Palästinenserin oder Deutsche? Einmal war ich auf Seiten der Palästinenser, das nächste Mal bei den Deutschen, ein weiteres Mal hielt ich's mit den Israelis, Juden. Wo war ich denn nun wirklich zu Hause? Und wieder, wie so oft, durchfuhr bei diesem Gedanken eine seltsame Kälte mein Herz, und meine Haut zog sich zusammen. Aber das ist heute anders, und das freut mich für die Juden. So wie es mich freut, dass sie auch in Deutschland Unterstützung und Schutz genießen. Dass sogar deutschstämmige Juden aus Israel wieder in das Land ihrer Vorfahren zurückkommen können und ein Recht auf Rückgabe ihrer einstmals durch die Nazis konfiszierten Besitztümer haben. Aber dann fragte ich mich, warum habe ich nicht auch das gleiche Recht? Warum gibt Israel mir nicht das Haus meiner Eltern zurück? Denn mein Elternhaus befindet sich dort, wo heute Israel ist.

Seit 1966 in Deutschland lebend, studierend, arbeitend, aus eignen Kräften zu dem geworden, was ich heute bin, stolz auf mich, meine Familie und dieses nun auch "mein" Deutschland, werde ich oft immer noch als Fremde angesehen und behandelt. Ein richtiges Zuhause ist mir weder in der alten Heimat Palästina noch in der neuen Heimat Deutschland vergönnt. Immer wieder denke ich über Palästina und Israel nach. Über die Heimat, die die einen gefunden haben und darüber, warum sie sich (nach all dem erlittenen Leid) so wenig in die Lage von Palästinensern versetzen können. Warum wollen sie nicht dabei helfen, dass die Palästinenser ein Teil von Palästina-Israel werden können und sogar müssen. Gleichberechtigt und auf Augenhöhe; christliche und muslimische Palästinenser gemeinsam mit Juden in einem Land. Denn für die Palästinenser geht es nicht um Religion, sondern um das Land, aus dem man sie 1948 vertrieb, es geht um das Unrecht, das ihren Großeltern, Eltern und auch ihnen angetan wurde—und immer noch wird.

❦

In eigenen vier Wänden

Bevor ich glückliche Hauseigentümerin werden konnte, hatte ich mit meinen Vermietern immer wieder Probleme. Nein, umgekehrt: Sie hatten Probleme mit mir. Stets gab es irgendetwas zu kritisieren. An mir, der Ausländerin, meinen Gästen (wohlgemerkt: *Bio-Deutschen*) und natürlich an meinen Kindern, die entweder zu laut oder besorgniserregend leise waren! Besucher kamen zu oft, das Licht im Treppenhaus war oft an, während sie kamen oder gingen und verbrauchte dadurch ungebührlich viel Strom. Zu meckern gab es immer etwas. Mal lag die Zeitung zu lange vor der Wohnungstür oder im Briefkasten, mal brannte das Licht in meiner Wohnung zu lange. Dass ich oft erst nachts, wenn die Kinder im Bett waren, in Ruhe, und nicht selten im Winter warm angezogen (aufgrund der ab 22 Uhr abgestellten Heizung), fürs Studium lernen konnte, interessierte niemanden. Kurzum, wir passten einfach nicht in so ein ordentliches deutsches Haus.

In meinen eigenen vier Wänden in Saarbrücken-Rotenbühl fühlte ich mich nun endlich wohl. Hier und jetzt konnte ich tun und lassen, was *ich* wollte. Das war *mein* Leben, und das konnte ich nun nach meinen Vorstellungen gestalten. Ich war unabhängig, konnte meinen Beruf ausüben und mich rundum sicher fühlen in einem demokratischen Staat. Nach Homburg wurde mir nun Saarbrücken zur neuen Heimat. Hier lernte ich liebenswerte Menschen aller Gesellschaftsschichten kennen, vom einfachen Arbeiter bis zu Personen aus höchsten politischen Kreisen. Freundlichkeit und Respekt waren hier keine Fremdwörter für mich.

Auf mein Haus, mein erstes und letztes übrigens, war ich außerordentlich stolz. Ein im Winkel gebauter Bungalow, oben Wohn- und Schlaftrakt, darunter noch eine Einliegerwohnung und diversen Kellerräumen. Der Swimmingpool im Garten wurde Dank des Architekten Prof. Bernhard Focht zu einem Schwimm-Teich mit Kois,

Seerosen und Lilien umgewandelt. Das hier war für mich mein Paradies. So wie für meine Familie einstmals Palästina das ihre gewesen war.

Ich war immer glücklich, wenn mich meine Töchter mit ihren Kindern besuchten. Endlich ging es mir finanziell gut, endlich konnte ich mir etwas leisten, für mich und meine Kinder, vor allem ihnen wollte ich jetzt zu meinen Lebzeiten schon etwas bieten. Meine Töchter bekamen alles, was ich ihnen geben konnte, nicht zuletzt auch meinen Brautschmuck, den ich zur Hochzeit von meinen Eltern bekommen hatte. Alles teilte ich mit meinen Kindern. Alle Türen standen ihnen offen, und alle Wünsche wurden ihnen erfüllt. Brauchten sie irgendetwas, sie konnten es mitnehmen.

Auch meinem Sohn hätte ich dies so sehr gewünscht. Als er noch lebte, musste ich mich finanziell noch sehr einschränken, an allen Ecken sparen und nicht selten auch mein Konto überziehen, um ihm mit einer kleinen Überraschung seinen Alltag erträglicher zu machen. Nun konnte ich es mir endlich leisten, großzügig zu sein, leider war Talat nicht mehr dabei. Wie gerne hätte ich auch dies alles hier mit ihm geteilt. So, wie wir auch andere Dinge miteinander geteilt haben. Traurige und schöne, wie meine ersten Unterrichtsstunden auf einem Fahrrad, bei denen Talat mein mehr als geduldiger Lehrer gewesen war. Als Kind hatte ich immer neidisch meinen Brüdern beim Radfahren zugeschaut. Mädchen war das verboten. Also drehte ich als erwachsene Frau und Mutter mit Hilfe meines Sohnes auf seinem Schulhof die ersten zaghaften Runden auf einem Fahrrad.

Eines Tages, ich war mit meinem Auto in der Werkstatt, erblickte ich das erste Fahrrad mit Motor, kaufte es umgehend und war ungemein stolz auf mein neues Fortbewegungsmittel. Nun musste ich allein damit fertig werden, ohne meinen Sohn, und machte in unserer Straße meine ersten ungelenken Übungsfahrten, begleitet vom Staunen und Lachen der Nachbarschaft.

In meinem Haus hatte ich nun auch endlich ausreichend Platz für meine Töchter und deren Familien. Insgeheim hätte ich es schon gern gesehen, wenn beide oder doch wenigstens eine von ihnen wieder nach

Saarbrücken gezogen wäre. Aber leider war das nicht möglich, weil ihre Ehemänner in Hannover bzw. Hildesheim arbeiteten. So war ich froh und dankbar, wenn sie wenigstens in den Schulferien zu mir kamen. Leider waren meine Liebe und mein Respekt zu den Familien meiner Töchter recht einseitig. Die Schwiegereltern meiner Ältesten mochten keine Ausländer, und meine andere Tochter war mit einem Egozentriker verheiratet, für den sich alles nur um sein Wohlbefinden drehte, und der mich, zu meinem größten Bedauern, lediglich als Geldquelle betrachtete.

Also kamen die Töchter meist alleine mit ihren Kindern zu mir. Solange ihre Kinder noch nicht schulpflichtig waren, konnten meine Töchter häufig zu mir kommen und für einige Tagen bleiben. Nachdem die Enkelkinder in die Schule gingen, sah ich sie alle nur an den Ferientagen, denn die Wochenenden sonst waren zu kurz für die lange Fahrt von Hildesheim nach Saarbrücken.

Nach dem Tod meines Sohnes redeten beide Töchtern immer und immer wieder auf mich ein, zu ihnen nach Hildesheim umzuziehen.

"Du bist allein in Saarbrücken, komm zu uns. Wenn du krank oder später alt bist, können wir dich pflegen, hier haben wir unsere Familie. Wir können nicht weg, komm *du* zu uns."

Irgendwie hatten sie Recht: Denn als ich an Hepatitis erkrankt war, lag ich allein in meinem Bett, und keine der beiden konnte nach mir schauen, da jede ihre eigenen Verpflichtungen hatte. Fast zwei Jahre war ich mir selbst überlassen. Nur die Haushaltshilfe half mir gegen Bezahlung.

Ich stand vor einer schweren Entscheidung. Im Saarland war mein Alltag, mein Leben, hier hatte ich meine Freunde, meine Bekannten, mein Haus, meine Praxis, ich kannte fast jeden, und jeder kannte mich. Die Universität, die Geschäfte, ja, sogar die diversen Behörden, alles hier war mir vertraut. Und nicht zuletzt Talats Grab war in meiner Nähe, so, wie er es sich immer gewünscht hatte. Er war bei mir. Und ich bei ihm.

Meine schwere Hepatitis-Erkrankung, der dann folgende Verkauf der großen und die Einrichtung einer kleineren Privat-Praxis waren mehr als kraftraubend.

Aber meine Tätigkeit als Ärztin konnte und wollte ich nicht aufgeben, ich liebe meinen Beruf, und nicht zuletzt lebe ich ja auch davon. Also biss ich, trotz aller Schmerzen, die Zähne zusammen, ging täglich in die Praxis und sagte mir immer: "Deine Patienten warten auf dich. Und nicht nur sie: Auch die Töchter und Enkelkinder brauchen dich und deine Unterstützung!"

Und immer wieder hörte ich meinen Vater: "Gestalte dein Leben in Würde und in Verantwortung aus eigener Kraft!" Diese Worte haben mich zeitlebens begleitet, von Ägypten durch Saudi-Arabien bis hierhin nach Deutschland. Sie waren zu einem Bestandteil meines Denkens und Handels geworden.

Die Jahre vergingen. Meine Töchter besuchten mich weiterhin regelmäßig und gaben auch nicht auf in ihrem Bemühen, mich zum Umzug zu bewegen. Sollte ich mein Leben neu gestalten und mein geliebtes Haus und die Praxis verkaufen? Ich wäre gezwungen, noch einmal ganz von vorn anzufangen. Ein Neuanfang in diesem Alter, mit angeschlagener Gesundheit und kaum Kapital? Nicht einfach, im Gegenteil: sehr risikoreich! Was sollte ich nun tun? Mein Haus war am Hang gebaut so konnte ich immer und immer wieder über Saarbrücken blicken, und die Vorstellung fiel mir schwer, auf diesen schönen Blick eines Tages zu verzichten.

Gedankenschwer wie so oft in der vergangenen Zeit wanderte ich eines Tages durch alle Zimmer, kehrte wieder in den Garten zurück, schaute von meiner Terrasse über die Dächer Saarbrückens und beschloss, dem Wunsch meiner Töchter nachzugeben und umzuziehen. Ja, sagte ich mir, jetzt, wo ich noch einigermaßen beweglich bin, jetzt noch könnte ich einen Neuanfang in einer anderen Stadt wagen. Ich rief die Immobilienmaklerin an und gab, wenn auch schweren Herzens, mein geliebtes Haus zum Verkauf frei.

Jetzt stellte sich die nächste Frage: Wohin? Nach Hildesheim, da wo meine Töchter wohnen? Nein, sagte ich mir, der Ort ist zu klein, da kennt mich keiner, und wer soll dann in meine Praxis kommen? Wie sollte ich dort meinen Lebensunterhalt erwirtschaften und über die Runden kommen? Was ich bisher verdient hatte, war ausreichend zum Leben für mich und meine beiden Töchter gewesen, und sie hatten von mir immer alles bekommen. Und heute? Meine Altersrente von der Ärzteversorgung würde kaum mehr für die Miete reichen, von den Krankenversicherungs-Beiträgen mal ganz zu schweigen. Meine über 35 Jahre eingezahlten Höchstbeiträge schrumpfen bei Erreichen der Altersgrenze auf gerade einmal klägliche 1300 Euro Rente im Monat zusammen. Also, Reichtümer habe ich persönlich wirklich nicht ansammeln können. Das, was ich hatte, habe ich immer mit meinen Kindern geteilt, wann und so oft sie es brauchten. Bei den Gedanken an mich selbst und eine eigene Wohlstands-Absicherung für die Zeit nach meiner Berufstätigkeit zählte ich tatsächlich auf die Ärzte-Versorgung, die Rente und glaubte, dies reiche für Miete, Krankenversicherung und Lebensmittel. Falsch gedacht.

❧

Wieder ein neuer Anfang

Ich schaute mir die Deutschlandkarte an. Zwei Orte kamen für mich in Frage: Hamburg und Berlin. In Hamburg lebten Freunde von mir. Berlin ist jedoch *die* Stadt im Umbruch und Aufbau und bot mir einfach mehr Chancen für einen Neubeginn. Also entschied ich mich für Berlin und fand, mit Hilfe von Mitarbeitern der dortigen Saarländischen Landesvertretung, eine Wohnung am Pariser Platz, direkt am Brandenburger Tor. Ein wahrhaft geschichtsträchtiger Ort, ganz in der Nähe des Reichstagsgebäudes, mitten in Berlin, da kommen bestimmt ausreichend Patienten! Dachte ich. Und irrte mich gewaltig: Menschen waren zwar mehr als genug unterwegs, die meisten aber als Touristen. Dazu gab es immer wieder irgendwelche Sperrungen, ganz abgesehen vom Halteverbot vor der französischen und der US-amerikanischen Botschaft! Auch vor dem Hotel Adlon gab es keine Chance für Patienten, den Wagen zu parken. Mein Praxisstandort war schlichtweg eine totale Fehlentscheidung, die ganz schnell korrigiert werden musste.

Die Suche ging also weiter, und meine finanzielle Belastung wuchs zunehmend, da ich zwar enorme Ausgaben, aber kaum Einnahmen zu verzeichnen hatte. Endlich fand ich Räume in einem Ärztehaus. Ideal dachte ich, Internisten, Hautarzt, Frauenarzt und eine Praxis für Ernährungsberatung. Ich mietete die Räume, stellte mich bei den Kollegen vor (alle waren sehr freundlich), richtete meine Praxis ein und lud zur Eröffnung. Alle kamen. Ich war mehr als glücklich, denn endlich ging es vorwärts.

Aber auch diese Zuversicht wurde bald getrübt: Es kam kein einziger Patient, der von den Kollegen im Haus an mich überwiesen worden war. Und wenn Patienten kamen, dann aus eigener Initiative, und einen Arztbrief für ihren Hausarzt wollten sie meist auch nicht haben. Nun, einerseits freute ich mich über diesen Vertrauensbeweis, andererseits bedrückte es mich auch, dass die Kollegen keine Patienten zu mir überwiesen. Wenn ich sie darauf ansprach, reagierten sie sehr freundlich, doch etwas irritiert, und versprachen, zukünftig an mich zu überweisen.

Kurz vor Weihnachten lud der Radiologe neben mir Ärztekollegen zum Essen in ein nahe gelegenes Restaurant ein. Auch mich. Ich saß neben seinem Vater. Der alte Herr war Chefarzt an der Charité gewesen. Wir unterhielten uns angeregt, nicht zuletzt, weil er aus einem großen medizinischen Kenntnisfundus schöpfen konnte und so manchen Wechsel im Gesundheitswesen bereits miterlebt hatte. Wir beide kritisierten die Reformen. Plötzlich unterbrach uns mein Tischnachbar, ein Kollege, Hausarzt in Köpenick, und sagte mit scharfem Unterton zu mir: "Wenn es Ihnen dies hier alles nicht passt, warum gehen Sie nicht dahin, wo Sie hergekommen sind? Von da unten", und machte dabei mit seiner Hand eine abwertende Geste in die entsprechende Richtung. Ich blieb äußerlich ruhig und sagte lächelnd, wie gewöhnlich: "Im Saarland ist es nicht anders!"

Da mischte sich jetzt auch der ehemalige Chefarzt ein: "Frau Dr. Alaiyan ist eine deutsche Staatsbürgerin, was reden Sie da!"

Und die Antwort? "Ja, auf solche Staatsbürger kann ich verzichten. Wenn die in meine Praxis kommen, werfe ich sie raus, die leben nur auf unsere Kosten."

Ich stand auf, schaute den älteren Kollegen an, den Vater meines Gastgebers, und sagte: "Entschuldigen Sie bitte, dass ich meinen Platz hier neben Ihnen verlasse, aber neben dieser Person möchte ich nicht weiter sitzen!"

Der alte Herr erhob sich und begleitete mich zu seinem Sohn, der an einem anderen Tisch saß. Geschichte wiederholt sich bekanntlich, im Kleinen wie im Großen...

Aller Anfang ist schwer! Diesen Satz hatte ich schon beim Verlassen der Universitätskliniken 1994 gehört. Allerdings nicht zum ersten Mal, nein, bereits, als ich 1964 mit meinem Mann von zu Hause nach Saudi-Arabien ging, hatte man mir diesen "Sinnspruch" mit auf den Weg gegeben. Wenn ich ihn heute höre, hat er seinen furchteinflößenden Charakter verloren. Vieles wiederholt sich, manches bleibt für immer im Gedächtnis haften. Und wird verstärkt durch immer wiederkehrende negative Eindrücke und Erfahrungen. Zum Beispiel im Tiergarten, wo auf Bänken mit Kreide hingeschmierte Sprüche und Hassparolen gegen alles aufstacheln, was anders ist. Das sind Bilder, die mich jedes Mal unwillkürlich an die Hetze zur Nazi-Zeit denken lassen; Bilder, die ich aus Filmen kenne und die in mir wieder meine Ängste aufscheinen lassen. Und es kommt das Gefühl: Das Land, zu dem ich eine starke emotionale Bindung gewonnen habe, wird immer mehr zu einem Land, das mich als Fremde sieht, ein Land, das seine Minderheiten im Stich lässt. *Wie eine Mutter eben, die ihr Kind nie umarmt hat.* Wie passend doch immer wieder dieser Vergleich ist. Jedes Mal, wenn ich an ihn denken muss, spüre ich gleichzeitig, wie er mir zunehmend Angst macht. Denn, so frage ich mich, und das nicht erst seit gestern, wann gehen die Menschen mit ausländerfeindlichen Parolen in Massen auf die Straße? Die ersten Anzeichen gibt es ja schon, PEGIDA ("Patriotische Europäer gegen die Islamisierung des Abendlandes") erfreut sich großen Zuspruchs aus allen Bevölkerungsschichten, und auch rechtspopulistische Bewegungen und Parteien sind ein erstes ernstes Signal. Es braucht nur das Zusammentreffen der passenden wirtschaftlichen und sozialen Strukturen, und wir stehen eher als gedacht vor dem Trümmerhaufen unseres demokratischen Paradieses.

❧

Deutsche und Deutsche mit Migrationshintergrund

NICHT WENIGE *BIO-DEUTSCHE* ERZÄHLTEN MIR, dass, wenn sie in arabischen oder türkischen Geschäften einkauften, beim Preisvergleich feststellen mussten, dass Gemüse, Obst und Fleisch oft preiswerter angeboten wurden als im deutschen Laden, ja, die Qualität sogar besser war. Also kauften immer mehr Deutsche hier ein. Mal abgesehen von Preis und Qualität waren auch die Verkäufer in diesen Läden sehr freundlich, und manche von ihnen trugen den Kunden sogar die Einkäufe bis ans Auto.

In den arabischen Restaurants saßen auch und vor allem viele Araber, palaverten, tranken Tee, rauchten Wasserpfeife und zogen mit ihren Blicken quasi alle blonden Frauen aus, die zum Essen kamen. Sobald Frauen ins Restaurant kamen, erkannte man die arabischen Männer nicht wieder: Ihre Stimme war plötzlich sanft und ölig, die Gesten ruhig und kontrolliert. Jeder, fast jeder, wollte die Frauen noch mehr beeindrucken als der Tischnachbar. War allerdings keine Frau im Restaurant, wurden die Stimmen zunehmend lauter und gingen oft in einem wilden Durcheinander unter. Warum ausgerechnet bei arabischen Männern, kaum dass sie einer Frau ansichtig werden, der Hormonhaushalt so schlagartig und massiv in Rage gerät, ist unerklärlich. Oder ist das nicht nur bei Arabern so?

Die meisten Deutschen, die beim Araber speisten, waren jung. Ältere Semester gingen woanders essen: Zum Italiener, zum Griechen oder wo es richtige deutsche Küche gibt (Ausnahmen bestätigen wie immer die Regel!). Mit einem Araber oder Türken lässt man sich nicht gern sehen, das macht bei den anderen Deutschen, bei einigen wenigstens, keinen guten Eindruck. Es gab und gibt aber auch die sogenannten "Vorzeige-Araber" für bestimmte Anlässe. Diejenigen nämlich, die sich integriert haben, fleißig sind, ihr Geld selbst verdienen, nicht vom Sozialamt leben und, wie man so sagt, nicht auf der Tasche des deutschen Steuerzahlers liegen. Auch wenn sie selbst brav Steuern zahlen oder gezahlt hatten, ist es immer noch anrüchig, wenn sie im Notfall unser soziales Netz in Anspruch nehmen.

In Gegenwart der "Muster-Ausländer", besonders Araber, toleriert und lobt man. Gut, aber man muss sich nicht unbedingt öffentlich oder bei offiziellen Auftritten mit ihnen sehen lassen. Das verärgert manche deutschen Wähler. Ein ordentlicher Bürgermeister geht in ein gutbürgerliches, deutsches Restaurant, vielleicht mal zu einem Nobel-Italiener oder Franzosen, die sind ja schließlich auch Europäer, die haben erstens den besseren Wein und zweitens die Wähler, die man gewinnen könnte und will. Dort sieht man Leute und wird gesehen. Dort halten Politiker jeder Couleur Kontakt zu ihren Wählern. Bei den Ausländern weiß man doch nie, wen sie wählen, vorausgesetzt, sie wählen überhaupt!

Ausländer sind und bleiben auch immer jene, die die deutsche Staatsangehörigkeit erhalten haben. Die eigentlich keine richtigen Deutschen sind, ungeachtet dessen, wie lange sie schon in Deutschland leben—selbst, wenn sie hier geboren sind. Würde ein Politiker die Nähe und den Kontakt zu nicht Bio-Deutschen, zu Deutschen mit Migrationshintergrund, dennoch pflegen, riskiert er es, seine guten deutschen Wähler zu verärgern. Hier unterscheidet man eben *echte* und *unechte* Deutsche. Das alles und noch viel mehr hörte und höre ich immer wieder. Wenn Menschen mit Migrationshintergrund in der Politik weit kommen, dann steht dahinter meist ein einflussreicher Bio-Deutscher.

Aber zum Glück gab und gibt es auch immer wieder—und das sind nicht wenige—Zeitgenossen, die das anders sehen. Im Laufe der vergangenen 49 Jahre bin ich vernünftigen wie auch unvernünftigen Menschen begegnet. Und so vielfältig wie die Menschen um mich herum, sind eben auch die Meinungen über Ausländer. Wer einen Sündenbock sucht, der findet auch immer einen, ganz egal, ob in der Politik, in den Medien oder in der Religion. Anscheinend braucht man immer jemanden, auf den man einprügeln muss. Mal sind es die Muslime, dann die Juden, ein anderes Mal Ausländer an sich, dann wieder die Muslime, abwechselnd dann Araber, Türken oder Palästinenser. Und so weiter. Immer wieder fällt den Menschen jemand ein, der bekämpft werden soll.

"Du musst Respekt vor jedem Menschen haben, unabhängig von Religion oder Herkunft." So lauteten die Worte meines Vaters in Ägypten. Und das gilt für mich heute noch. Ob hier in Deutschland oder wo immer ich auch lebe. Menschenwürde ist unteilbar. Umso mehr schmerzen mich bis auf den heutigen Tag diese immer wiederkehrenden Feindbilder. Gerade hier in meiner neuen Heimat, die doch eine demokratische ist, in der es Presse- und Meinungsfreiheit gibt und eine Rechtsprechung, die diesen Namen auch verdient. Trotz all dieser wunderbaren Errungenschaften werden auch hier Vorurteile und Hassparolen geschürt, werden Menschen ausgegrenzt und diskriminiert. Und sei es, um jemandem nach dem Mund zu reden oder um des eigenen Vorteils willen.

Manchmal tut es mir weh, dass dieses Deutschland, zu dem auch ich seit vielen Jahren gehöre, anscheinend bis heute noch nicht viel aus seiner Vergangenheit gelernt hat. Deutsche haben Millionen Juden umgebracht, und die Welt hat zugeschaut. Immer wieder hat die Welt bei Menschenrechtsverletzungen zugeschaut. Weil man nichts dagegen tun konnte—oder wollte. Und dem himmelschreienden Unrecht, das den (wohlgemerkt: christlichen wie muslimischen) Palästinensern seit Jahrzehnten seitens des Staates Israel widerfährt, schaut die Welt (namentlich Deutschland) auch einfach nur zu. Und sucht nach fadenscheinigen Begründungen für etwas, das nicht zu begründen ist. So setzt sich Unrecht immer weiter fort und trifft vor allem die, die sich am wenigsten wehren können, auf beiden Seiten. Wobei diejenigen, die staatlich legitimiertes Unrecht begehen, es vor dem Hintergrund des eigenen erlittenen Leids doch eigentlich besser wissen müssten. Und für die, deren Eltern unter den Nazis damals Täter waren, reicht es nicht aus, nur Mahnmale zu errichten und Waffen weltweit an die *Richtigen* und *Guten* zu liefern. Dass auch im so aufgeklärten 21. Jahrhundert Macht immer noch über Menschenrechte obsiegt, mag und will ich nicht akzeptieren! Ja, ich schäme mich dafür, dass dieses Land weltweit an dritter Stelle in Sachen Waffenexport steht und dass mit diesem tödlichen Geschäft einige Reiche immer noch reicher werden.

Wir schauen alle dabei zu—und werden dadurch gleichsam zu Mittätern. Dafür gibt es keine Entschuldigung. Alle Menschen sind gleichwertig und haben ein Recht auf Leben. Das habe ich hier in Deutschland gelernt. Und gleichzeitig verliere ich in eben diesem Deutschland mehr und mehr mein Vertrauen in dieses Recht und den Glauben an diese Demokratie. Ja, die Würde des Menschen ist unantastbar, aber anscheinend nicht jedes Menschen Würde, und die der Palästinenser erst recht nicht. Und das macht mich zutiefst traurig. Deutsche Waffen töten wieder Unschuldige. Und wir alle sind dabei und tragen mit unserem Schweigen Mitschuld. Auch am Tod von Frauen, Männern und Kindern in Palästina *und* Israel, ja im gesamten Nahen Osten.

Fremdsein

Nun aber zurück zu Abraham, zurück in die Zeit, bevor ich von Saarbrücken nach Berlin zog. Immer, wenn ich Abraham über einen längeren Zeitraum nicht gesehen hatte, fiel mir auf, wie er sich veränderte. Er wurde ruhiger, abgeklärter, ja, fast depressiv und still. Mit zunehmendem Alter und zunehmender Verweildauer in Deutschland wuchs die Sehnsucht nach seiner Geburtsheimat. Gleichzeitig entfernte er sich mehr und mehr von seiner deutschen Wahlheimat und ging immer mehr auf Distanz zu seinen einheimischen Mitbürgern. Abraham fand immer weniger Freunde und Vertraute. Eine richtige Familie und vor allem Menschen, auf die er bauen konnte, die zu ihm in guten und schlechten Zeiten standen, hatte er hier nie gefunden. Er war und blieb der Fremde, wo immer er auch hinkam: In seiner arabischen Heimat war er der Deutsche, in Deutschland der Araber.

Und das ließ man ihn auch jedes Mal spüren: "Kaum in Deutschland angekommen, sprach man mich bereits im Flughafen oft per du an", erzählte er mir und weckte damit eigene unangenehme Erinnerungen an ähnliche Situationen: "Du musst die Jacke ausziehen und hier in den Korb legen. Jacke aus! Jacke legen! Du verstehst Deutsch?" An Dreistigkeiten hat es bei derlei Gelegenheiten selten gemangelt, ja immer wieder wurde und werde ich daran erinnert, dass ich eben kein *richtiger* Deutscher bin und dass ich eigentlich auch gar nicht zu Deutschland gehöre, trotz meiner Staatsangehörigkeit.

Auch Abraham ging es so. Ihn verletzte dieses "Du gehörst nicht zu uns!"

Indem ich ihm Trost zusprach, tröstete ich mich eigentlich auch selbst. "Denk mal an die Menschen, die heute noch im Flüchtlingslager leben müssen, ja, sogar ihre Stadt nicht verlassen dürfen. Denk an die Millionen Menschen, die unter Gewalt und in Armut leben müssen, denk an die vielen Palästinenser, die seit 1948 heimat- und rechtlos, ohne

Identität, ohne Staat, ohne Ausweis, ohne Menschenrechte und beraubt aller Würde sind: Sie haben gar nichts! Aber du bist hier ein freier Mensch! Hast hier diese gut gehende Praxis, fährst ein Auto deiner Wahl, wohnst komfortabel und im eigenen Haus, kannst in Urlaub und je nach politischer Lage auch in deine Geburtsheimat fahren. Dir geht es hier in Deutschland gut! In deiner Heimat hättest du dies alles in der Tat nicht, nicht einmal annähernd, gehabt, du wärst im Flüchtlingslager womöglich zum Untergrundkämpfer geworden oder an irgendeiner Krankheit gestorben. Und trotzdem bist du unzufrieden und jammerst. Du bist undankbar, Abraham. Dir selbst, dem Schicksal und auch Deutschland gegenüber."

Einige Minuten lang sagte keiner von uns ein Wort. Ich konnte seine Befindlichkeit nur allzu gut nachempfinden, wusste, wie er sich fühlte. Und schämte mich. Ich schämte mich dafür, dass Menschen wie Abraham und ich, die hier seit langem leben und arbeiten, so etwas empfinden müssen. Denen man zeigt: Du bist ein Mensch zweiter Klasse. Also: Sei gefälligst dankbar und halt ansonsten den Mund!

Nach langem Schweigen merkte ich, dass es Zeit war, mich zu verabschieden. Im Vorgarten blühten englische Rosen und säumten mit ihrer vollen Pracht den kurz geschnittenen, dichten sattgrünen Rasen. Auf dem Weg zu meinem Wagen wandte ich mich noch einmal um, betrachtete das weiße Haus und fragte mich, was es wohl war, dass ihn so bedrückt und traurig werden ließ. War es der Umstand, dass er in seiner (und auch meiner) Heimat Palästina nicht mehr leben durfte oder dass er sich in der neuen Heimat Deutschland nicht wirklich auf- und angenommen fühlte? Oder war es womöglich beides? Ein Zuhause im Nirgendwo. Ein ewiges Leben im Dazwischen. Heimatlos. Da, wo andere Menschen immer und irgendwie zurückkehren können und in Geborgenheit daheim sind, war für Abraham und mich nur ein großes Nichts.

Wenn wir Palästinenser in unserer Heimat leben dürften, stolz und menschenwürdig, im Kreise unserer Familie und auf unserem eigenen

Land, dann wären wir nicht länger Fremde. Keiner könnte uns mehr herumschubsen und beschimpfen und Dinge sagen wie: "Geh zurück, wo du hergekommen bist, von da unten!" Spätestens jetzt konnte ich meine Tränen nicht mehr zurückhalten. Sie liefen über meine Wangen und tropften auf den harten Asphalt meiner Stadt.

Die Stimmung im Lande

Unser Nörgler-Kollege erstaunte mich zunehmend. Nicht nur, dass er weiterhin regelmäßig in das besagte arabische Restaurant ging, nein, er besuchte immer häufiger auch Abraham in dessen Praxis und berichtete mir bei jeder sich bietenden Gelegenheit darüber, voll Interesse an seinen Mitmenschen und der so anderen Kultur. Obgleich wir in vielen Dingen unterschiedlicher Meinung waren, musste ich ihm Respekt zollen. Besonders, nachdem er mir gestanden hatte, Vorurteile gegen Araber und Muslime zu hegen. Vorurteile, die er nun aber gewillt war, zu überprüfen und gegebenenfalls auch zu revidieren. Nicht nur, dass seine so hochgeschätzten deutschen Restaurants erheblich teurer waren als arabische, italienische, türkische, chinesische oder griechische, auch das Essen ließ durchaus zu wünschen übrig, von der oft unfreundlichen und lustlosen Bedienung ganz zu schweigen.

"Ich ging also mehr und mehr zum Araber mit seiner lauten Musik, den freundlichen Gesichtern, dem preiswerteren Essen und besonders den vielen Vorspeisen! Aber, ganz im Vertrauen, suspekt und unverständlich war er mir immer noch", erzählte er mir bei einem unserer Treffen. "Ein irgendwie gefährlicher, unsicherer und unsichtbarer Raum trennte uns. Auf der einen Seite mochte ich ihn, auf der anderen Seite traute ich ihm nicht."

Ehrlich war er wenigstens, das musste ich anerkennen. Innerlich schmunzelte ich über seine Gratwanderungen, die ihn mal zum Araber und dann wieder zum Italiener führten, mit dem ihn wenigstens eine annähernd ähnliche Kultur, mal ganz abgesehen von der Religion, zu verbinden schien.

Auch dem Verhältnis des arabischen Mannes zu Frauen konnte er anscheinend immer noch nicht viel abgewinnen: "Die Frauen dürfen nicht allein das Haus verlassen, dürfen nicht über ihr eigenes Leben und ihre Zukunft bestimmen. Aber ich bin sicher, nicht alle sind so. Es gibt auch die anderen, die Höflich-Rücksichtsvollen, die ihre Mitmenschen, ihre Familie, Ehefrau und die Töchter respektvoll behandeln. Vermutlich sind sie die Minderheit, doch es gibt sie. Aber, wenn ich ganz ehrlich bin, wie war das denn bei uns früher?", fragte er, um gleich selbst zu antworten: "Irgendwie erinnert mich das an meine Eltern und Großeltern, wo auch immer nur die Männer das Sagen hatten. Heute muss ich verdammt aufpassen, dass meine Frau mir das Fell nicht über die Ohren zieht. Meiner Meinung nach sind die Frauen heutzutage emanzipiert, ja, vielleicht sogar über-emanzipiert. Die Scheidungsgerichte urteilen eher zum Vorteil der Frauen und zum Nachteil der Männer."

Dann formulierte er einen längeren Gedanken: "Manchmal denke ich, unsere Kultur, unsere Gesellschaft hat nicht nur Stärken, nein, sie hat auch ihre Schwächen. Je häufiger ich Kontakt zu Arabern habe, desto mehr verstehe ich sie. Es ist nicht alles rosig bei ihnen, genauso wenig wie bei uns. Ich glaube einfach, es fehlt uns an Austausch und Toleranz, an gegenseitigem Respekt und Wertschätzung! Oft konnte oder wollte ich einfach nicht glauben, was der Kollege Abraham sagt und wie er lebt! Da habe ich manches für mich in meiner Meinung über Ausländer im Allgemeinen und Araber im speziellen gerade rücken müssen".

Ich staunte: Vor nicht allzu langer Zeit noch hatte mir derselbe Mensch noch ganz andere Dinge erzählt. Jetzt, nach Monaten der Auseinandersetzung mit Abraham, wuchsen bei ihm allmählich Verständnis und Mitgefühl für ein anderes Volk, zeigte er sich sowohl kritisch wie auch verständnisvoll für bestimmte Situationen und das Verhalten in anderen Kulturen. Sein bislang einseitiges Weltbild geriet zunehmend ins Wanken. Ja, er war menschlicher und einfühlsamer geworden, und dafür schuldete ich ihm Respekt und Achtung. Ihm und jedem, der anderen Menschen Respekt zeigt—unabhängig von Hautfarbe, Religion oder Herkunft.

❧

Gestern, heute und morgen

"Im Grunde sind es immer die Verbindungen mit Menschen, die dem Leben seinen Wert geben."
Wilhelm v. Humboldt (1767-1835)

ALLABENDLICH, NACH DIENSTSCHLUSS, dem Spaziergang mit meinem Hund und der Erledigung notwendiger Hausarbeiten, begab ich mich ins Bett und wollte nur eins: mich ausruhen und langsam in einen erholsamen Schlaf hinüberdämmern. Diesen einen Abend aber werde ich nicht vergessen, er hat sich ganz tief in mein Gedächtnis gegraben. Im Fernsehen liefen die "Tagesthemen". Ein deutscher Junge türkischer Herkunft hatte in Berlin auf offener Straße seine Schwester erstochen, ermordet. Ein "Ehrenmord"!

Das Entsetzen über den Mord mischte sich mit dem Entsetzen über das Verhalten des Täters, wie er das Gericht verließ und ins Auto stieg, mit *Victory*-Zeichen und Siegeslächeln. Vor Entsetzen konnte ich die ganze Nacht nicht schlafen. Zahllose Gedanken und Fragen begleiteten mich bis in den Morgen. Worauf war er bloß stolz? Darauf etwa, dass er, der seine Schwester getötet hatte, und dies im Namen einer wie auch immer gearteten 'Tradition', deren Brutalität mit keiner Religion zu vereinbaren war? Ein junger Mann, hier in Deutschland geboren und in die Schule gegangen, aber in alter brutaler Tradition verhaftet. Ich schwankte in meinen Gefühlen zwischen dem Wunsch nach sofortiger Ausweisung dieses scheinbar so eiskalten Mörders und dem Plädoyer für einen fairen Prozess. Denn dieser junge Mann mit dem siegessicheren Lächeln war deutscher Staatsbürger. Und während die Gedanken des Für und Wider fortwährend durch meinen Kopf kreisten, erwischte ich mich immer wieder auch bei Argumentationen, die ich von *Bio-Deutschen* gut kannte: Täter mit Migrationshintergrund und deutschem Pass hatten hier nichts zu suchen, also: weg mit ihnen in ihr Geburtsland, weg mit diesen Kriminellen! Während ich das dachte, erschrak ich über mich selbst—war ich doch gerade dabei, die Vorurteile, die nicht wenige der *Bio-Deutschen* hatten, selbst zu pflegen. Nein, sagte ich mir: so etwas darf ich noch nicht einmal denken, geschweige denn aussprechen! Hatten doch alle Deutschen, ob *Bio* oder nicht, dasselbe Recht. Niemandem darf die Staatsangehörigkeit entzogen werden. Ein Rechtsbrecher darf nicht ausgewiesen werden, denn wer auf deutschem Boden Unrecht tut, gehört hier in Deutschland vor Gericht und ins Gefängnis.

Meine Gedanken kreisten unaufhörlich weiter. Diese Ehrenmorde kannte ich von Erzählungen meiner Eltern. Ja, sagte ich mir, das gab es früher, aber heute nicht mehr! Oder doch? Und ausgerechnet hier in Deutschland, mitten in Berlin? Was für eine Katastrophe! Und da waren sie wieder, die unterdrückten Erinnerungen aus frühen Zeiten. Bilder formten sich vor meinem geistigen Auge, Bilder von meiner Kindheit in Ägypten mit seinen großen und wunderschönen Feldern, den Bauern und den bezaubernden Melodien ihrer Panflöten, die unser Dorf Tahanub durchzogen. Aber dazu mischten sich auch immer wieder Bilder von harten und beängstigenden Zeiten in Kairo, Saudi-Arabien und später in Deutschland.

❦

Integration

SEIT NUN FAST FÜNFZIG JAHREN lebe ich in Deutschland, und damit länger und intensiver als je in einem arabischen Land. Die Kindheit und Jugend verbrachte ich bis etwa zu meinem 17. Lebensjahr behütet im Schoß meiner Eltern in Kairo und genoss eine strenge und doch zugleich liebevolle Erziehung. Danach wurde vieles ganz anders. Fort war das Unbeschwerte und Vertraute. Was nun kam, war nur Arbeit, Verantwortung und Überlebenskampf. Wurde ich zuvor beschützt, war ich nun als junge Erwachsene plötzlich in einer unsicheren, unüberschaubaren Welt ganz auf mich selbst gestellt. Zeit zum Nachdenken oder zum Ausruhen gab es hier in Deutschland nun nicht mehr. Nur noch: Funktionieren, Verantwortung tragen, und dies bestmöglich. Du musst mit Qualität, Ehrlichkeit und Gradlinigkeit durchs Leben gehen, hatte mein Vater uns Kindern einst mit auf den Weg gegeben. Wo du Respekt erwartest, musst du auch Respekt geben. Das Leben ist ein fortwährendes Geben und Nehmen. Aber denkt daran: Wir, die wir einer Minderheit angehören, müssen in allem, was wir tun, überdurchschnittlich sein—immer ein Stück besser als die anderen. Damals habe ich die Tragweite seiner Worte noch nicht verstanden. Heute weiß ich, was er gemeint hat. Ich habe es im Laufe der Jahre immer wieder am eigenen Leibe erfahren. Der Wechsel von der einen (arabischen) in die andere (deutsche) Kultur hat bei mir, die auf vieles nicht vorbereitet war, so manche schmerzhafte Narbe hinterlassen. Ich habe viele Fehler gemacht, aber ich habe auch unendlich viel aus diesen Fehlern gelernt. Wahrscheinlich bin ich auch ein wenig dickhäutiger geworden, lasse nicht mehr alles an mich heran. Eine dicke Haut kann ja auch ein guter Schutz sein.

Die Jahre flossen dahin, ohne viel Gelegenheit zum Aufatmen, für Rast, Um- und Rückschau. Nur noch der nächste Tag, die nächste Woche, der nächste Monat, das nächste Jahr waren wichtig. Alles musste erledigt werden, so gut es eben ging. Nach dem Studium der Beruf. Der

Alltag. Die Sorge um die Kinder. Nun waren die Töchter verheiratet und mein geliebter Sohn tot. Ich hatte Ruhe und Zeit zum Nachdenken. Und wurde plötzlich gewahr, dass dieses Deutschland sich verändert hatte. Die Stimmung im Lande war im Laufe der Jahre überall schlechter geworden. Und mit wachsender Arbeitslosenzahl wurde auch die Situation für die, die von außen kamen, zunehmend schwieriger. Nicht alle Ausländer waren mehr gern gesehen, vor allem jene nicht, die als Flüchtlinge und Asylsuchende Schutz für sich und für ihre Kinder suchten. Ja, als man sie noch fürs Wirtschaftswunder als Arbeitskräfte brauchte, die Italiener und Türken, die Jugoslawen und Griechen, da nannte man sie noch *Gastarbeiter.* Mit steigender Arbeitslosigkeit, wäre man sie dann am liebsten wieder losgeworden. Deutschland hatte *Arbeitskräfte* gerufen—und *Menschen* waren gekommen. Dazu dann auch noch deren Familien.

Und plötzlich vernahm man allerorts in Deutschland andere Sprachen, aß andere Speisen, hörte andere Musik. Nicht alle mochten das, und Feindbilder suchten sich schnell wieder ihre Opfer unter denen, die so anders waren und aussahen. Egal, ob sie hier Arbeitsplätze schufen und, wie jeder *Bio-Deutsche* auch, Steuern zahlten und ihre Beiträge zur Sozialversicherung.

Kopftuch und Knoblauchgeruch wurden zum Inbegriff des Fremden, Vorurteile und Hassparolen fielen wieder auf fruchtbaren Boden. Asylbewerberheime gingen in Flammen auf, und Menschen kamen ums Leben. In Mölln, Rostock. Hünxe und Solingen. Die deutsche Vereinigung hat dann noch ihr Übriges getan, um Menschen ohne Zukunft gegeneinander aufzuhetzen. Und was tat die Politik? Nichts, wie ich meinte, auf alle Fälle zu wenig. Feindbilder wurden immer mehr zur Normalität, und an vielen Vorurteilen und Klischees waren leider auch Politik und Medien nicht unschuldig. Die jahrelang nicht aufgedeckten Verbrechen des NSU sind da nur ein furchtbares Beispiel für Verdecken und Vertuschen, auch und vor allem von staatlicher Seite. Dazu immer wieder das Bild vom gewalttätigen Ausländer, der sein Ghetto nicht verlassen will, nur unzureichend die deutsche Sprache beherrscht, seine

Familie tyrannisiert und letztlich nur das deutsche Sozialsystem als bequeme Hängematte benutzt. Wie oft habe ich diese Sprüche gehört und gelesen.

Abraham erging es nicht anders. Zwar lobte die Kollegenschaft ihn, aber hinter dem vordergründigen Lob saß ganz tief unten der Neid auf alles, was er erreicht hatte. Andererseits war er gebildet und fleißig, mit ihm konnte man ausgezeichnet diskutieren und dazu ein Gläschen trinken, ein guter Zuhörer und ein großzügiger Gastgeber war er auch. Bei ihm konnte man seine Ängste und Sorgen ablegen, er hörte jedem zu und half, wo er konnte. "Und doch trennen uns Welten!", sagten viele über ihn.

Allerdings hatten gerade diejenigen, die ihn verächtlich machten, meist recht wenig Ahnung von den tatsächlichen Bedingungen in den arabischen Ländern, geschweige denn von historischen Zusammenhängen. Davon, dass der Westen ihnen meist nichts Gutes gebracht hatte und oftmals nur an ihrer geostrategischen Lage und vorhandenen Bodenschätzen (wie Öl- und Gasvorräten) interessiert war. Nicht selten gab es dann die Verlierer nur auf der einen Seite, der arabischen. Und Diktaturen, das hat die neuere Weltgeschichte ja leider ausreichend gezeigt, gab es auch in zahlreichen westlichen (scheinbar so kultivierten und aufgeklärten) Ländern. Auch und vor allem auf deutschem Boden. Und Geschäfte gemacht hat man immer schon mit jedem. Auch mit dem, der offiziell der Feind war.

Die Welt unterstützt Diktatoren und lässt sie weiter foltern, oder sie foltert sogar selbst. Dafür bauen sie sogar Gefängnisse in der Wüste, ob in Israel (wo es an tausende palästinensische Gefangene gibt) oder in den Vereinigten Staaten von Amerika. Ökonomie und politische Interessen geben den Ton an. Öl ist wichtiger als Menschenrechte, Freiheit und Gerechtigkeit.

Demokratische Länder unterstützen Diktatoren, die ihre Völker foltern. Was, bitte sehr, ist daran demokratisch? Wie haben sich die USA in Vietnam verhalten? Wie war das mit der Unterstützung des Diktators

Pinochet in Chile (und dem Sturz des demokratisch gewählten Präsidenten Allende)? Wer hat Saddam unterstützt, Al-Qaïda gestärkt, mit der Hamas kooperiert? Wer foltert im Irak? Die USA. Warum sorgt dieselbe Macht nicht dafür, dass, wenn es ihr mit Werten wie Menschenwürde, Menschenrechte, Freiheit und Demokratie so ernst sein soll, diese sowohl Palästinensern als auch Israelis zuteil werden zu lassen? Warum handelt man so einseitig und nennt das dann Demokratie? Was ist der Unterschied zwischen Juden, Christen oder Muslimen? Was ist der Unterschied zwischen Toten in New York, im Irak, in Israel oder in Palästina? Ich sehe ihn nicht. Warum sehen die Regierenden einen Unterschied?

Die Juden kämpfen für ein Land in Sicherheit, die Palästinenser kämpfen für ein Land in Sicherheit, warum können sie beide nicht im selben Land leben, das ihnen beiden gehörte, gehört und gehören wird? Alle drei monotheistischen Religionen sind in derselben Region beheimatet. Warum können die USA im Namen der Religion, der Menschenrechte und der Freiheit nicht dafür sorgen, dass dies gelebte Realität wird? Warum wird mehr als sechs Jahrzehnte verhandelt, getötet und gemordet? Terror und Gewalt durch Einzelne oder durch Regierungen kosten Menschenleben auf beiden Seiten. Am Ende der Gewaltspirale sind beide Verlierer. Ein Frieden aber macht alle zu Gewinnern. Wann endlich bekennen sich Europa und die USA zu den Menschenrechten im gesamten Nahen Osten für alle und nicht nur für eine Seite?

"Aus meiner Sicht", sagte Abraham, "ist eines der Hauptprobleme der arabischen Staaten, dass sie es nicht verstanden haben, sich in eine Weltgemeinschaft einzubinden und zuverlässige Partner langfristig zu Verbündeten zu machen. Im Gegenteil, an die Stelle einer konstruktiven Politik ist vielfach zielloses Lavieren getreten. Hier und da wird dann, auf Geheiß anderer, an der Stellschraube gedreht, aber eigentlich nur, um sich eben diese anderen als vermeintliche Wohltäter gewogen zu halten. Die Angst vor Veränderungen ist so groß, dass man lieber in eisigem Stillstand verharrt. Die Regierenden der arabischen Länder haben nicht begriffen, dass ihre einzige und wichtigste Investition ihr eigenes Volk ist, ein gesundes, gebildetes, aufgeklärtes und freies Volk, ein Volk, das nicht zuletzt auch ein Recht auf kritische und freie Meinungsäußerung hat. Dieses Volk ist ihr wichtigstes Kapital und letztlich der Schlüssel zum Bewahren der eigenen Kultur. Aber, in vielen arabischen (diktatorischen) Systemen geben immer noch vor allem Clans den Ton an, zusammengehalten von Vettern, die damit die Mafiastrukturen in der Familie halten. Offiziell beschimpft man Israel oder die Vereinigten Staaten— und pflegt hintenherum mit den offiziell Gescholtenen gut florierende private wie auch geschäftliche Kontakte, so lange es nur die eigenen Taschen füllt. Mehr Doppelmoral geht nicht. Sie reden von sozialer Verantwortung und lassen ihr Volk verhungern. Viele von ihnen kennen nur Oben oder Unten, Schwarz oder Weiß, ohne politische Grau- und Zwischentöne. Arabische Bürger sind von der Gnade ihrer regierenden Clans abhängig, so wachsen sie auf, so leben sie ihren Alltag, und mit diesem Erfahrungswissen gehen sie auch ins Ausland."

Ich antwortete: "Tatsache ist aber auch, lieber Freund Abraham: Niemand kann seine Sozialisation und gelebte Kultur einfach so ablegen wie einen alten Hut. Man nimmt sein Leben mit und damit auch viele der anerzogenen und erlernten Angewohnheiten. Wem sage ich das, du weißt, was ich meine: Arabische Männer verhalten sich eben so, wie sie meinen, dass sich arabische Männer zu verhalten haben. Arabische Kinder (auch und vor allem männlichen Geschlechts!) wachsen in dem Gefühl auf, die stärksten und liebenswertesten Menschen dieses Erdballs zu sein, folglich rundum einzigartig. Wenn dann die spätere Lebensrealität nicht mehr dem eigenen Weltbild entspricht, wenn die vermeintliche Stärke zur Schwäche zusammenschrumpft, bleibt oft nur noch die Selbstlüge. Die Wahrheit über sich und andere zu erkennen, fällt vielen Menschen schwer. Arabern besonders. Jede Kritik gilt als Verrat und grenzt schon fast an Todsünde. Egal, ob sie sich gegen Familienmitglieder oder das Vaterland richtet. Das gilt für Araber im eigenen Land wie für die, die im Ausland leben. Allein die Tatsache, im Westen zu leben, bedeutet noch lange nicht, modern zu sein. Unter der Oberfläche ist für viele Demokratie immer noch ein Fremdwort. Man hängt an seinen alten Ritualen und pflegt sie weiterhin. Gute wie weniger gute. Die deutschen und auch arabischen Kollegen, die nicht nur mit wachem Auge unser demokratisches Leben hier analysieren, sondern auch kritisch das System in den arabischen Ländern, haben in der Tendenz durchweg Recht. Zugegeben, die Worte und Urteile sind manchmal übertrieben hart, zuweilen beleidigend, aber die Richtung stimmt. Natürlich, auch Demokratien haben ihre Schwächen, aber eine Demokratie ist immer besser als eine Diktatur. So sagte es ein Freund, der in einem diktatorischen Land lebt und es noch immer liebt."

Auch mein geschätzter Kollege Abraham hielt und hält mit Kritik nicht hinter dem Berg. Und er verteilt sie in alle Richtungen. Nach Europa, in Richtung USA, Israel und die arabischen Länder.

"Hast du keine Angst?", fragte ich ihn oft, "so wie du sprichst, könnte sich unser Verfassungsschutz für dich interessieren, aber auch die arabischen Geheimdienste, ganz zu schweigen vom israelischen Mossad."

Dann zog Abraham stets nur die Schultern hoch, streckte die Hände vor und erwiderte sehr ausführlich: "Ich tue nichts Unrechtes, und reden darf ich doch wohl, immerhin lebe ich in einer Demokratie. Wenn ich tot bin, ist mein Mund für immer geschlossen. Also Mund, Augen und Ohren auf und nicht aufhören zu reden, so lange es Missstände gibt, solange Menschenrechte und -würde verletzt werden. Wir sind alle Kinder Gottes, hier wie dort. Ob Jude, Christ oder Muslim, ob schwarz oder weiß: Wir haben alle ein Recht auf ein unversehrtes Leben in Gerechtigkeit, Freiheit und Würde, in unserem eigenen Land. Das gilt für Israelis ebenso wie für Palästinenser. Alle sind gleich, keiner ist gleicher! Solange unsere arabischen Länder keine gemeinsame Außen- und Sicherheitspolitik haben, solange wir keine Verbündeten in der Europäischen Union haben, wird es für die USA ein Leichtes sein, sie alle gegeneinander auszuspielen, zu dividieren und sie einzeln an der Kandare zu halten. Es wird ein nicht schwer sein, ihnen heute Zuckerbrot zu geben und morgen die Peitsche."

“Und was ist mit Europa?”, fragte ich.

“Die Europäer müssen auch erst ihren Platz in der Weltpolitik finden, ihre Interessen sind noch zu unterschiedlich, und es gibt eben noch nicht die eine Stimme, die eigene Position den USA gegenüber zu vertreten geschweige denn, ihnen Paroli zu bieten. Dennoch sollte auch diese derzeitige Situation die arabischen Regierungen nicht daran hindern, verlässliche Beziehungen, auch auf wirtschaftlicher Ebene, mit den Europäern zu suchen, zu stabilisieren und langfristig zu sichern. Dies wäre sowohl für die arabische Welt als auch für die Europäer wichtig. Dazu braucht es aber vor allem ein langfristiges und zuverlässiges Gesamtkonzept auf allen Ebenen, unabhängig von einzelnen Personen oder Parteien.”

“Zumal die bisherige Politik der Vereinigten Staaten nur den Islamisten genutzt hat”, warf ich ein.

“Genau”, erwiderte Abraham. “Seit der Invasion im Irak erleben wir eine zunehmende Radikalisierung innerhalb der muslimischen Welt, eine Radikalisierung, die in den Bemühungen um soziale, religiöse und kulturelle Integration sowohl im eigenen Land als auch im Ausland stattfindet. Die anti-amerikanische Opposition hat enorm an Zugkraft gewonnen. Ein Frieden im Nahen Osten ist nur mit Beteiligung der Europäer möglich, mag auch ihre Position relativ schwach sein und sich allenthalben an den Interessen der USA orientieren. Aber gerade, was die Friedenspolitik im Nahen Osten betrifft, und hier besonders den Israel-Palästina-Konflikt, und die damit verbundenen Interventionen zur Wahrung von Menschenrechten, Würde, Freiheit und Demokratie, sind die Europäer für mich ein glaubhafterer und zuverlässigerer Partner als die USA. Und ich betone dabei besonders Europa, vor allem, was Israel betrifft, denn die überwiegende Zahl der Juden in Israel hat europäische Wurzeln. Ihre Kultur, ihr Denken, ihre Gewohnheiten, alles ist europäisch. Natürlich mehr bei den Älteren als bei den im Lande geborenen Jüngeren. Europas Kultur hat sie geprägt, so wie mich und dich, Halima, die arabische. Europa werden sie sich auch weiterhin mehr verbunden fühlen als dem Nahen Osten, der ihnen immer fremd bleiben wird. Schau mich an und alle, die wir nach Europa gekommen sind, hier leben, studieren, arbeiten, eine Familie gründen. Sag, sind wir Europäer geworden?"

"Nein", meinte ich, "auch wenn wir es wollten!"

Abraham war meiner Meinung: "Wir werden hier jeden Tag daran erinnert, dass wir Ausländer sind. Oft werde ich von meinen Patienten gefragt, ob ich alles verstanden habe, ja, ob ich deutsch spreche! Das muss man sich mal vorstellen: Sie kommen zu einem Arzt, der in Deutschland praktiziert und fragen, ob er deutsch spricht! Wir haben es nicht leicht, uns hier zurecht zu finden, wir haben oft auch andere Werte, Gewohnheiten und Sitten, für die wir auch angefeindet werden, wir fühlen uns mehr als Araber, nicht als Europäer. Wir freuen uns auf jeden Urlaub in unseren Herkunftsländern, aber auch auf die Rückkehr nach Europa. Da geht es uns ähnlich wie den Juden. Sie haben ihr Land, das ihnen Schutz gibt, aber da ist auch noch ihre Herkunfts-Kultur. Die europäische Literatur. Die Musik. Alles, was einen umfängt und hält."

"Aber wo ist man eigentlich Zuhause?"

"Das frage ich mich auch", sagte Abraham. "Die täglichen Berichte über das Elend der Palästinenser und der Araber insgesamt lassen mich oft wütend werden auf die Regime in diesen Ländern und auch auf die Länder, die diese Regime unterstützen. Israel ist die (nicht nur militärisch) stärkste Macht im Nahen Osten und hat die volle Rückendeckung der USA und Europas. Wenn Israel tatsächlich Frieden will, wird es ihn auch durchsetzen und gestalten. Wenn die USA Frieden wollen für die Israelis und Palästinenser, werden sie ihn auch durchsetzen und gestalten. Wenn die UNO Frieden will, wird sie ihn auch ermöglichen, denkt man! Aber auch die Vereinten Nationen haben kläglich versagt. Dabei ist es doch so: Die Welt rückt zusammen, und es ist wichtig, um die eigene Kultur und die Kultur des anderen zu wissen. Unsere Kinder müssen die Kinder anderer Kulturen kennen lernen und sich mit ihnen austauschen, ein Austausch ohne das Aufgeben der eigenen Identität. Wir sind alle gleich vor dem Gesetz, ein Gesetz für alle auf der ganzen Welt, das die Pflichten und Rechte der Menschen regelt—mehr brauchen wir nicht. Jeder behält seinen Glauben und seine Kultur, ohne sich zu schämen, Angst zu haben oder den anderen verbiegen zu wollen."

Meine Besuche bei und der Gedankenaustausch mit Abraham waren jedes Mal bereichernd. Nicht selten aber auch fuhr ich völlig deprimiert wieder nach Hause zurück. Vieles von dem, worüber wir gesprochen hatten, beschäftigte mich. Manches war sicher einseitig, aber vieles traf auch zu, beunruhigte mich, machte mir Angst und ließ mich Nächte lang nicht ruhig schlafen.

Eine kurze Begegnung

Bei einem der Besuche bei Abraham saß ich in seinem Wartezimmer, trank schwarzen Tee mit frischer Pfefferminze, las Zeitung und wartete, bis er frei wurde. Die Tür ging auf, ich vernahm eine weibliche Stimme und arabische Laute. Um diese Patientin also hatte er sich so lange gekümmert. Die Frau folgte ihm aus dem Zimmer, kam an mir vorbei—und ich erkannte sie sofort wieder: Das war doch die junge Dame von damals, schoss es mir durch den Kopf. Es waren einige Monate vergangen, Monate, in denen ich immer wieder an sie dachte, weil sie mich sehr an meine Mutter erinnerte. Jetzt stand sie da, hübsch, elegant, freundlich lächelnd und strahlte eine tiefe innere Ruhe aus. Ich versuchte aufzustehen und sie anzusprechen, wollte fragen, woher sie kam, aber genau in diesem Augenblick bat Abraham mich zu sich. Und als ich mich noch einmal umdrehte, schloss sich gerade die Ausgangstür hinter ihr.

Ich setzte mich. Alles in Abrahams Praxis war geschmackvoll und auf hohem qualitativem Niveau. Mein Stuhl gehörte in diese Kategorie: hervorragendes Design, aber zum Sitzen absolut ungeeignet. Als ich mich zurücklehnen wollte, spürte ich den Metallrand der Stuhllehne in meinem Rücken. Der nächste Stuhl war auch nicht besser. Über diese kleine Form der Rückenfolter ausgerechnet in einer Arztpraxis rutschte mir dann auch direkt eine flapsige Bemerkung heraus. Und die Frage, wie denn ein *Kameltreiber* zu solchem Geschmack komme, war auch mehr spaßhafte Provokation als Ernst, kannte ich diese Art Sprüche doch zu Genüge von deutschen Kollegen über arabische Männer.

Er aber machte plötzlich ein sehr ernstes Gesicht und erwiderte: "Jetzt fängst auch du noch damit an, du bist ja schlimmer geworden als die Deutschen! Immer wieder das gleiche Gerede. Der eine sagt, es sei Spaß, der andere, es sei voller Ernst. Die Aussage aber bleibt die gleiche, die gleichen Sätze, die gleichen Worte. Du darfst nicht zulassen, dass das über uns erzählt wird, und du darfst solche Sätze auf keinen Fall selbst wiederholen."

Ich war betroffen. Das hatte ich wirklich nicht beabsichtigt. Viel lieber hätte ich ja auch gewusst, wer diese Dame war, die er zu kennen schien und über deren Identität ich seit unserem ersten Aufeinandertreffen rätselte. Aber schlussendlich stellte ich meine Fragen nicht. Ich schwieg und hoffte, sie bei ihm wieder zu treffen. Und da war er wieder, der mir wohlbekannte Widerspruch in mir selbst, der es einerseits verbot, sich jemandem aufzudrängen, andererseits aber dem Wunsch nachgeben wollte, mehr über den anderen Menschen zu erfahren. Neugierde kontra Zurückhaltung. Fremde hatte man in Ruhe zu lassen, so bin ich erzogen worden. Nun ja, sagte ich mir zur Selbstberuhigung, eigentlich habe ich ja auch genug Probleme und keine Zeit, mich immer mit anderen zu beschäftigen. Ich spürte plötzlich eine unerklärliche Müdigkeit in mir. Wollte nur meine Ruhe und allein eine Runde durch den nahe gelegenen Wald spazieren.

Der Irak-Krieg

Zunehmend konnte man plötzlich Zeitungsartikel über den Irak lesen, im Fernsehen gab es fast jeden Abend Gesprächsrunden zum Thema, und Menschen, von denen man zuvor nie gehört hatte, wurden interviewt. Sämtliche Medienbeiträge hatten den gleichen Tenor: gegen den Irak, genauer gesagt, gegen Saddam Hussein, Stimmung zu machen und einen Einmarsch US-amerikanischer Truppen in den Irak zu rechtfertigen. Dass Saddam Hussein von den Vereinigten Staaten bis zuletzt unterstützt worden war und die Amis sich dort keinen Deut um die Menschenrechte gekümmert hatten, war für viele kein Thema.

Zahlreiche Menschen weltweit gingen 2003 gegen den geplanten Irak-Krieg—und das war ja beileibe nicht der erste Krieg am Golf—auf die Straßen und protestierten. Vergeblich. George W. Bush wollte diesen Krieg. Auch wenn sich der damalige Bundeskanzler Gerhard Schröder (SPD) dieser sogenannten "Koalition der Willigen" und damit der Kriegsteilnahme nicht anschloss, hatte Abraham schon irgendwie Recht mit seinen Zweifeln an der westlichen Politik und der interessengeleiteten Landnahme.

Als ich mit meinen Kindern einmal meinen Bruder im Irak besuchte, traf ich auf ein Land, das anderen arabischen Staaten stark ähnelte. Ja, es war so ziemlich alles für die Menschen an Lebensmitteln, Bildung und Sicherheit vorhanden. Der Irak war beileibe alles andere als eine Demokratie, aber, meiner Einschätzung nach, auch nicht *die* alle ihre Bürger knechtende und unterdrückende Diktatur. Spätestens nach Ende des Golfkrieges im Mai 2003 und mit Beginn der Besatzung aber versank das Land zwischen Euphrat und Tigris im Chaos. Raub und Mord sind seitdem an der Tagesordnung, es gibt kein tragfähiges Bildungssystem, keine Krankenversorgung, keine funktionierende Infrastruktur mehr. Dieses Land mit seiner großen und wunderbaren Geschichte ist quasi ins Mittelalter zurückgebombt worden, und im Juni 2014 fielen dann auch

Teile des Staatsgebietes in die Hände des militanten "Islamischen Staates". Und wir alle hier im demokratischen Westen schauen zu und schweigen.

❦

Die offene und subtile Diskriminierung

Wenn ich im Sommer 2015 in den Nachrichten höre, dass in Deutschland schon wieder Flüchtlingsheime angezündet worden sind (und Vorfälle dieser Art häufen sich), muss ich unwillkürlich an den Satz von Bertold Brecht denken, dass der Schoß noch fruchtbar ist, aus dem das kroch! Ja, leider hat er wohl immer noch recht, der große deutsche Dichter, der damals vor den Nationalsozialisten ins Exil hatte flüchten müssen.

Wie oft hat Abraham uns die Drohbriefe gezeigt, die Rechtsextremisten und fremdenfeindliche Menschen in seinem Briefkasten warfen. Wie oft wurde sein Wagen mit scharfen Gegenständen zerkratzt. Und neben der offenen gab es auch noch die sehr subtile Form der Diskriminierung, bei der fast jedes Quartal seine Krankenkassenabrechnung von der Kassenärztlichen Vereinigung überprüft und gekürzt wurde. Um sicher zu gehen, bat er vor der Abgabe seiner Quartalsabrechnung einen deutschen Kollegen, alles noch einmal zu kontrollieren. Und eben jenem deutschen Arzt, der die Abrechnung seines arabischen Kollegen kontrollierte und korrigierte wie seine eigene, wurden nie die Gelder gekürzt. Aber dem Araber! Jedes Quartal dasselbe Spektakel: geprüft, gekürzt und zur Kassenärztlichen Vereinigung bestellt. Irgendwann konnte und wollte er das nicht mehr ertragen: Mit der Eröffnung seiner Privatpraxis trennte er sich von diesen institutionellen Zwängen.

Immer, wenn er sich über diese Behandlung beschwerte, haben die Kollegen gelacht, ihn nie ernst genommen und gesagt: "Dann hast du falsch abgerechnet, das liegt an dir!"

Sogar ich nahm damals die Bemerkung einer der Prüfer nicht ernst, die da lautete: "Wir haben ihn wieder 'rangeholt und gekürzt". Dabei konnte dieser Prüfer nicht wissen, dass in der Runde eben jener Kollege saß, der Abrahams Abrechnung gegenlas, kontrollierte und korrigierte. In den Worten des Prüfers schwang die ganze Bandbreite von Vorurteilen, Fremdenhass und Ablehnung mit. Und genau das spürte Abraham sehr wohl. Dabei arbeitete er genauso viel wie seine Kollegen auch, hatte die gleichen wirtschaftlichen Probleme und musste seine Kredite und Versicherungen abstottern wie sie. Was jedoch anders war als bei seinen *bio-deutschen* Kollegen (und das vergaßen die meisten): Neben all seinen alltäglichen Verpflichtungen in Deutschland unterstützte er auch noch seine Familie in Jordanien. Trotz alldem neideten die Kollegen ihm das, was er erreicht hatte, auch sein Auto und sein Haus. Für sie war und blieb er schlicht und einfach (wenn auch zuweilen nur hinter vorgehaltener Hand) der *faule Araber*.

Ich schämte mich für das Verhalten meiner deutschen Landsleute und beschloss, mich nach Abrahams Rückkehr aus dem Urlaub—gemeinsam mit einigen anderen verständnisvollen Kollegen—mehr um ihn kümmern, ihn und seine Familie nach Hause einzuladen. Ich wollte versuchen, sowohl ihm wie auch den *bio-deutschen* Kollegen eine andere Sicht der Dinge zu vermitteln, um damit einander näher kommen. Zumindest wollte ich ihm das Gefühl geben, ernst genommen zu werden. Vielleicht ein kleiner Schritt auf dem nicht immer leichten Weg, sich in Deutschland wohler zu fühlen als bisher.

❦

Eine Reise in die Heimat

Als Palästinenserin wäre mir eine Reise nach Israel verwehrt, mit einem deutschen Pass nicht. So entschied ich mich, meinen Geburtsort zu besuchen und buchte einen Flug nach Tel Aviv. Nach der üblichen, ziemlich unangenehmen Frage- und Durchsuchungs-Prozedur in Frankfurt und in Tel Aviv fuhr ich zu einer guten Freundin, einer Israelin, die ich in Deutschland kennengelernt hatte. Ihre Familie empfing mich sehr freundlich, und ihre Großmutter erzählte mir jene Version der Geschichte des palästinensischen Volkes, für die ich in Deutschland beschimpft wurde. Wenn denn Deutsche überhaupt mit mir über dieses Thema redeten.

Und genau das, was mir mein Vater einst über das Jahr 1948 erzählt hatte, beschrieb mir nun diese alte Dame. Sie sprach über die Gründung des Staates Israel, wie die Juden Europas eine Heimat in Palästina gewonnen und wir die die unsrige verloren haben. Die Großmutter gehörte zu einer Gruppe um den späteren ersten Präsidenten Israels Ben Gurion, und sie war in eben jenem Jahr 1948 auch bei der Belagerung meines Dorfes mit dabei. “Wir haben den Einwohnern und den ägyptischen Soldaten zwei Stunden Frist gegeben, um das Dorf zu räumen und sich zurückzuziehen”, erzählte sie. “Danach sind wir eingerückt und haben alles zerstört. Nichts ist so geblieben, wie es war!”

Das muss man sich vorstellen: Im Mai 2010 sprach eine 85-Jährige das erste Mal mit mir und ihrer Familie über diesen Krieg, der in zeitlicher Nähe zur Unabhängigkeitserklärung des Staates Israel am 14. Mai 1948 lag, und das auch noch in Gegenwart ihrer Familie. Und dann passierte noch etwas: Sie umarmte mich und entschuldigte sich dafür, was Juden den Palästinensern, egal, ob Muslimen oder Christen, 1948 angetan haben. Ich weinte mit ihr, von Trauer überwältigt. Wir umarmten uns, und unsere Tränen vermischten sich. Welch eine Haltung dieser alten Dame, der ich Achtung und Respekt zollte.

Ich las noch einmal den Brief meiner israelischen Freundin, den sie mir vor der Abreise geschrieben hatte:

Liebe Halima, all die Erlebnisse, die Du und Deine Familie durchmachen musstet, Du als Kind, Deine Geschwister und Deine Eltern, ich finde das alles so unglaublich. Es ist mir von vornherein klar gewesen, dass es nicht leicht ist, als Ausländer in Deutschland zu leben, zwischen den beiden Kulturen. Aber so krass hab ich es mir nicht vorgestellt. Und auch, dass Du Dich so einsam und allein fühlst, berührt mich sehr. Was mich von Anfang an sehr aus der Ruhe gebracht hat, war auch, die Geschichte einmal von der anderen Seite zu hören. Ich habe die arabische Kultur stets geliebt und bewundert. Seit ich ein Kind war. Die Musik, die Sprache, das Essen, die Menschen, die Ästhetik. Ich weiß nicht wieso—ich bin eigentlich in einer zionistischen, aus Europa stammenden Familie aufgewachsen. Kein Araberhass war da, gar nicht. Nicht in meiner Familie, wir waren eher links orientiert, was auch immer das in einem jüdischen Land heißen soll. Aber in der Gesellschaft, wo ich aufgewachsen bin, galt schon ziemlich oft "Araber" als Schimpfwort. Ich weiß noch, dass ich Palästinenser überhaupt nicht gekannt habe, bis mein Papa, ein Bauer, mich einmal nach Kalkilya mitgenommen hat. Er war Inhaber eines Kaktusgeschäftes und hat dort seine Pflanzen verkauft. Die palästinensische Familie dort hatte meinen Papa anscheinend gern. Und er hat mich mitgenommen. Ich fand das wunderschön und nett. Danach waren wir in Hebron. Ich hab' die dortige Glasfabrik gesehen und nette Leute kennengelernt. Das war alles noch vor der Intifada. Einen Tag danach kam ich in die Schule und habe erzählt, dass ich in Hebron und Kalkilya war. "Was? Bist Du verrückt?", war die Reaktion meiner Mitschüler. "Du hast mit Palästinensern gegessen? Was ist, wenn sie Dein Essen vergiften? Dein Vater handelt unverantwortlich!" Ich war aber stolz auf diese provokante Geschichte, wenn ich ehrlich sein will. Ich weiß noch, dass dort alles anders ausgesehen hat... Die Straßen waren meist nicht aus Asphalt, sondern aus Sand. Mein Gefühl war, dass dies ein anderes Land war. Die Frauen—voll vermummt. Die Kinder—

barfuß auf der Straße. Und ich weiß noch, dass die Leute auf uns schauten, als wir vom Auto zum Haus oder Geschäft liefen. Ich war acht Jahre alt, und dieser Besuch ist mir noch klar in Erinnerung geblieben. Unsere Geschichten sind so miteinander verwoben. Als Du erzählst hast, wie Du Deinen eigenen Bruder nicht erkannt hast, musste ich auch daran denken. An meinen ersten Besuch Zuhause nach meiner Abreise, um in der Schweiz zu studieren. Mein Bruder war gerade ein Jahr beim Militär. Ein Jahr hab ich ihn nicht gesehen, und an dem Tag, an dem ich gekommen bin, hatte er ein Wochenende frei bekommen, und ich holte ihn vom Bahnhof ab. Da kamen viele junge Soldaten aus dem Zug. Für einen kurzen Moment dachte ich: "Da ist er", aber nein, das war er nicht. Aber dieser Soldat kam auf mich zu, als ich dabei war, auf andere zu schauen und ihn zu suchen, und er sagte "Erkennst Du mich nicht mehr, Schwester?" Ich muss noch heute weinen, wenn ich daran denke. Sein Gesicht hatte nichts mehr von diesem Jungen, den ich kannte. So viele neue Linien in seinem Gesicht. Ein Mann, nicht besonders gepflegt, nach drei Wochen, wo er gar nicht nach Hause durfte, und was weiß ich, wo er war. Darüber darf man ja nicht sprechen. Und dann Dein Dorf. Das habe ich im Internet gefunden. Mit Bildern, und Nummern und Geschichten. Es ist nicht weit weg von Ness Ziona, wo ich aufgewachsen bin. Zwanzig Minuten entfernt von Tel Aviv. Dreißig Minuten von Ashkelon. So viele Treffpunkte, und trotzdem habe ich die Geschichte noch nie so detailliert von der anderen Seite gehört. Ich bin auch voller Hass auf die israelischen Soldaten, aber das sind ja auch meine Freunde, und mein Bruder und meine Cousins. Und Freunde von mir sind im Krieg gestorben. Manchmal hatte ich das Gefühl (besonders in der 12. Klasse—vor dem Militärdienst), dass ich zwischen Leichen sitze, nur ich weiß noch nicht, wer davon Leiche ist und wer noch leben wird. Tatsächlich sind zwei aus meiner Klasse im Libanon gefallen. Damals, als zwei große Helikopter in der Luft zusammengestoßen sind und 73 junge Soldaten ihr Leben verloren haben. Also, beide Seiten haben viel Schmerz und viel Leid erfahren. Ich bin jetzt so traurig, nachdem, was ich gelesen habe, dass ich noch nicht einmal weinen kann. Es ist so überwältigend, dass ich gar nicht weiß, was ich machen soll, außer Dir zu schreiben. Und auch so schnell wie möglich meine Oma anzurufen und zu fragen: “Großmama, Du hast deine Heimat verlassen, um ein neues Land für Deine Kinder zu schaffen. Du hast im Unabhängigkeitskrieg gekämpft. Was war denn da? Ich kenne nur die heroischen Geschichten. Aber hast Du auch Palästinenser gesehen? Wie waren die Beziehungen zwischen Euch?” Ich weiß, dass mein Opa lange beim Militär war. Ich weiß, dass er viel gekämpft hat. Aber ich weiß auch, dass er in Beer Sheva der einzige Rechtsanwalt war, der für die Rechte der Beduinen und Araber gekämpft hat, für ihre Häuser und ihr Stück Land. Also: ein Paradox... viele Fragen. Inschallah, wird es mal ruhiger... Ich hoffe, wir sehen uns bald wieder. Ich bin froh, Dich getroffen zu haben! Denn unser beider Geschichten und die Geschichten unserer Völker sind eigentlich eine Geschichte. Voller Schmerz und dennoch tiefer Gemeinsamkeiten. Viele liebe Grüße Yael…

Ich legte den Brief beiseite, hielt kurz inne und atmete tief ein und aus. Ich war sehr berührt von ihren Worten und wünschte, sie und ihre Großmutter in meine Arme zu nehmen und ganz fest an mein Herz zu drücken. Ich bin sehr glücklich darüber, Israelis wie sie kennen und lieben gelernt zu haben. Und zu wissen, es gibt auch Menschen dort, die uns Palästinenser verstehen und mit uns fühlen. Aber, und das ist auch Tatsache, leider sind sie immer noch eine Minderheit im Lande. In den meisten Köpfen lebt der heroische Staatsgründungsmythos weiter. Aber hat man denn vergessen, dass sie einmal palästinensische Dörfer überfallen, sich gegen die britische Mandatsmacht mit Gewalt gewehrt haben? Haben sie den eigenen Freiheits-Kampf vergessen?

Heute heißt es Terror—früher war es Freiheitskampf! Was erwarten sie von jungen Palästinensern, die tagtäglich Demütigung und Erniedrigung erfahren, wie ihre Väter und Großväter? Die israelischen Soldaten bekommen in ihrer Ausbildung eine Gehirnwäsche, so dass 18-Jährige die Palästinenser schon als *Kakerlaken* sehen, die man schnell vernichten muss. Für diese jungen Menschen auf beiden Seiten, die in Frieden und

Achtung untereinander schon jetzt beginnen, anders zu denken und zu handeln, und die auf beiden Seiten in Würde leben sollen, lohnt es sich, jede Mühe auf sich zu nehmen. Ich weiß, ich werde von Fanatikern voller Egoismus und Sturheit, machtgeil und verbohrt, angefeindet, aber wenn sich aus dieser Begegnung eine Gruppe herauskristallisiert, die eines Tages den Frieden für die Menschen in Freiheit, Heimat, Gleichberechtigung und Würde im Heiligen Land ermöglicht, dann hat mein Engagement sein Ziel erreicht. Keiner von denen, die so selbstgerecht urteilen, hat eine Ahnung, unter welchen Bedingungen Eltern und Kinder leben. Ein hoffnungsloses, aussichtloses Leben. Nein, sie *überleben* und leben doch nicht! Verzweiflung und Misstrauen sind das Ergebnis. Ich erinnere an die Resolution 242 der Vereinten Nationen vom 22. November 1967. Sie fordert den Rückzug Israels "aus (den) besetzten Gebieten, die während des jüngsten Konfliktes besetzt wurden" im Gegenzug für eine Anerkennung Israels und die Respektierung seiner Sicherheit "frei von Bedrohung und Gewalt". Die Autonomie-Behörde hat Israel anerkannt, aber es hat sich nichts bisher geändert.

Gerechterweise muss man auch zugeben, dass viele Palästinenser bis heute immer noch nicht berücksichtigt haben, wie tief die Angst bei den Juden vor dem Holocaust sitzt—das Gefühl einer allgegenwärtigen Bedrohung! Alte und Junge bangen um ihr Leben. Die regierenden Palästinenser haben es auch nicht verstanden, das eigene Leid mit dem Leid der Juden zu verbinden. Wenn sie immer wieder von den Juden sprechen anstatt von Israel, lösen sie immer wieder diese Ängste aus. Es war Unrecht, was an den Palästinensern vor den Augen der Welt geschah. Aber mit den Juden hat das nichts zu tun, sondern mit der offiziellen israelischen Politik.

Ich möchte kurz einige historische Fakten aufzählen. 1947 beschloss die Generalversammlung der Vereinten Nationen, dass sowohl ein jüdischer als auch ein arabischer Staat auf dem Gebiet entstehen sollen. Die wohlhabenden Staaten weigerten sich damals, den Überlebenden des national-sozialistischen Massakers ihre Tore zu öffnen, und sahen in einem Land, das ihnen nicht gehörte, die Lösung des Judenproblems. Im damaligen Palästina lebten zu dieser Zeit rund eine Million christliche, jüdische und muslimische Palästinenser. Die arabischen Staaten weigerten sich, den Teilungsplan der UN anzuerkennen, woraufhin 730.000 Palästinenser flüchteten oder aus der Region vertrieben worden sind. Die rund 170.000 in der Region verbliebenen Palästinenser sollten laut UN Bürgerrechte erhalten. Nur unter dieser Maßgabe stimmten die Vereinten Nationen der Bildung zweier Staaten zu. 1948 kam es zur Teilung Palästinas und zur Gründung des Staates Israel. Was dann folgte, war Krieg auf Krieg. 1956: Sinai-Krieg. 1967: Sechs-Tage-Krieg. 1973: Jom Kippur-Krieg. 1982: Libanon-Krieg. 1987: Erste Intifada. 2000: Zweite Intifada. 2009: Gaza-Krieg. 2014: erneuter Gaza-Krieg.

Immer wieder bedeutete das unermessliches Leid. Unschuldige Tote auf beiden Seiten: Zivilisten, Alte, Frauen und Kinder. Ich habe Angst um meine Kinder. Ich habe Angst um die Kinder dieser Welt, wo immer sie auch sind. Die einstmaligen Werte des Westens bröckeln ab. Neue Länder entstehen, neue Strukturen und neue Ordnungen! Wird der Nahe Osten neu geordnet? Werden neue Staaten entstehen? Wird es neue Weltmächte geben, die für neue Werte eintreten? Was steht uns bevor? Wir als Bürger wissen viel zu wenig! Unsere Soldaten kämpfen in verschiedenen Staaten. Für wen? Und warum? Wollen wir das?

Ich erinnere mich, wie meinem Vater bei seiner Erzählung aus seiner Heimat Tränen über die Wangen liefen und er keine Anstalten machte, sie wegzuwischen. Ich spürte das starke Gefühl, ihn zu umarmen und dies tat ich immer und immer wieder.

Jetzt blickte ich auf die Obstschale vor mir, sah die Orangen, hörte die Worte meines Vaters und sah ihn wieder vor mir, wie er nach einer nach einer in weißes Papier eingewickelten Orange in der Obstschale auf seinem Schreibtisch griff. Er entfernte das Papier mit der einen und gab mir die Frucht mit der anderen Hand. “Hier für dich, eine Jaffa-Orange aus meiner Heimat—aus unserem Orangenhain!” Und wieder machte er keinen Versuch, seine Tränen, die über seinen Wangen liefen, abzuwischen.

❦

Die junge Frau und ihr eleganter Begleiter

In meiner Mittagspause wollte ich einen meiner Patienten, der kürzlich im Krankenhaus operiert worden war, besuchen. Ich war in Eile, ging schnellen Schrittes durch die Eingangshalle der Klinik und war in Gedanken mit einigen unerfreulichen Dingen beschäftigt. Um mich herum wimmelte es von Patienten, Besuchern, Blumenlieferanten, Personal, Kindern und Erwachsenen. Auf dem Weg zum Aufzug bemerkte ich sie dann plötzlich: die geheimnisvolle Unbekannte, die ich seit Monaten nicht mehr gesehen hatte. Ich hielt inne und blickte ihr nach, wie sie durch die Halle ging, in Begleitung eines großen, gutaussehenden und elegant gekleideten Mannes, der mich unwillkürlich an meinen älteren Bruder erinnerte. Ich spürte einen Stich in der Herzgegend, denn es war eine Erinnerung im Schmerz über den Bruder, den man in Bagdad umgebracht hatte. Meine Augen begleiteten das Paar bis zum Ausgang. Sie schien blass, schwach und eingefallen. Er hingegen ging mit kräftigen Schritten, aufrecht und entschlossen. Genauso eine Situation hatte ich in Kairo erlebt, als ich, gemeinsam mit meinem Bruder, unseren Vater nach seinem Unfall im Krankenhaus besuchte.

Nachdem beide um die Ecke gebogen waren, folgte ich ihnen unauffällig und sah, wie sie in einen Wagen der Luxusklasse einstiegen und umgehend abfuhren. Wie versteinert verharrte ich am Haupteingang der Klinik und konnte ein ungutes Gefühl nicht unterdrücken. Nun wollte ich von Abraham wirklich mehr über diese geheimnisvolle Fremde, ihre Familie und Herkunft wissen. Leider meldete sich bei ihm nur der Anrufbeantworter. Er war nicht da. Es folgten zwei unruhige Wochen des Wartens, in denen ich denkbar schlecht schlief, mich oft stundenlang im Bett umherwälzte und dieses unruhig-beklemmende Gefühl nicht mehr loswurde: Längst vergangen geglaubte Zeiten in Kairo waren plötzlich präsent. Und immer wieder tauchte das Bild des

Begleiters der jungen Dame vor meinem geistigen Auge auf, es war das Bild eines Patriarchen. Mir wurde immer klarer, dass diese Frau große Probleme in ihrer Familie haben musste.

Fragen über Fragen. Sie hat Arabisch gesprochen, aber aus welchem Land stammte sie? Warum beherrschte das Bild ihres Begleiters meine Gedanken? Vermutungen und Spekulationen durchzuckten mein Gehirn. Gedankenwirrwarr. Körperhaltung und Gang des Mannes erinnerten mich immer wieder an meinen Bruder. Mein Vater, ein stattlicher, gut aussehender, bestimmender Mann, war in einer patriarchalischen Gesellschaft aufgewachsen und wurde dementsprechend erzogen. Dies hat er dann an den Ältesten weitergegeben, denn es war klar: Arabische Männer regierten und bestimmten alles. Auch in Deutschland, musste ich später feststellen, setzte sich das ungebrochen fort: Der Mann hatte das Sagen. Er war der Patriarch, dem sich alle unterzuordnen hatten.

Der langersehnte Termin mit Abraham kam endlich zustande. Ich hatte um ein gemeinsames Essen gebeten und vor allem um Zeit. Denn ich hatte viele Fragen an ihn. Er war bereits ausgehfein und im Anzug, als ich seine Praxis betrat. Er wirkte elegant wie immer, modisch und gut aussehend. Wir gingen zu meinem Wagen, stiegen ein.

“Wohin sollen wir fahren?”, fragte ich.

“Wer hat eingeladen, du oder ich? Du musst dir doch Gedanken gemacht haben, wohin du mich einladen willst!”

Ich war mehr als überrascht von dieser Aussage, denn normalerweise lässt ein arabischer Mann nicht bestimmen, wo und was er essen soll, und auf keinen Fall kann er akzeptieren, dass eine Frau dann auch noch das Essen bezahlt. Schweigen. Ich hatte in der Tat keine Idee, und Abrahams Sätze machten mich im wahrsten Sinne des Wortes sprachlos.

“Gut, fahren wir zu meinem Lieblingsrestaurant”, sagte ich nach einiger Zeit.

“In mein Restaurant möchte ich heute aber nicht gehen”, antwortete er.

“Nein, nicht in deins, ich habe noch ein Restaurant, in dem ich gern esse. Das Lokal, in dem wir uns alle das letzte Mal mit dir trafen”, antwortete ich.

Augenblicklich versteinerte sich sein Gesicht, er schien sofort zu wissen, welches Restaurant ich meinte und erinnerte sich offenbar sehr gut an das letzte Gespräch. Dennoch nickte er leicht mit dem Kopf und sagte: “Geht in Ordnung.”

Ich bestellte sofort einen Tisch.

Als wir eintrafen, war alles wie immer liebevoll vorbereitet, der Tisch nett gedeckt und die Bedienung wie stets überaus freundlich. Wir bestellten einen Aperitif, das Menü, die Getränke, redeten über seinen Urlaub, über die Gesundheitsreform, über Gott und die Welt—nur nicht über das, was mir auf dem Herzen lag und schlaflose Nächte verursachte. Wir redeten nicht über jene geheimnisvolle junge Dame, über ihre Herkunft, über ihren Begleiter. War sie seine Patientin oder nicht?

Wir waren fast mit dem Essen fertig, ich hatte bereits einige Gläser Wein getrunken und jetzt mehr Mut, da fragte ich ihn: “Sag mal, die junge Frau, die ich bei dir sah, ich meine die Araberin...” Ich sagte einfach Araberin, ohne es zu wissen und war erstaunt, dass er sofort wusste, wen ich meinte.

“Ach, die meinst du! Sie ist hier geboren, aber ihr Vater und ihre Mutter sind Ägypter aus einem kleinen Dorf in der Nähe Kairos. O Gott, was für ein schweres Schicksal hat sie mit ihrer Familie. Die Last der Tradition, verstehst du? Die Last einer alten, bekannten, reichen, angesehenen und gefürchteten Familie. Sie hat zwei Brüder und zwei Schwestern. Die Brüder sind erfolgreich. Aber die junge Frau tut mir leid. Hin und wieder kommt sie zu mir und fragt mich um Rat. Sie liebt ihre Familie, ja, aber in der vergangenen Zeit hat sich ein großer Graben, um nicht zu sagen: eine tiefe Schlucht aufgetan. Und sie befindet sich am Rande dieser Schlucht.”

“Sprich nicht in Rätseln”, erwiderte ich, “was ist los mit ihr? Vor kurzem habe ich sie mit einem gut aussehenden, großen Mann im Krankenhaus gesehen.”

“Um Gottes Willen”, brach es aus ihm heraus, “lag sie stationär? Ich muss unbedingt zu ihr!”

“Was ist los, erzähl es mir.”

Er zögerte ein wenig, dann sagte er: “Du stehst genauso wie ich unter Schweigepflicht. Aber ich möchte jetzt mit dir von Kollege zu Kollegin reden, denn ich selbst brauche in diesem Fall einen Rat über eine Freundin der Familie und Patientin.”

Mein Herz schlug höher, ich spürte das Pulsieren meines Blutes im Kopf, und ich ahnte nichts Gutes. “Du kannst sicher sein, dass ich mein Bestes versuche.”

“Nicht versuchen! Es tun. Ja oder nein?” Er hielt kurz inne, schien nachdenklich. “Es dauert lange, hast du so viel Zeit heute?”

“Ja, ja, erzähl schon.”

Er trank sein Glas leer, fast so, als ob er sich Mut antrinken wollte, und begann zu erzählen: “Ihre Brüder kenne ich seit einigen Jahren. Hin und wieder spielten wir zusammen Schach in jenem arabischen Restaurant, wo wir uns das erste Mal sahen, und rauchten dabei Wasserpfeife. Bei schönem Wetter saßen wir draußen an der Flusspromenade.”

“Jetzt komm zum Punkt! Was ist mit der Frau los?”, fragte ich ungeduldig.

“Mein Gott, hab doch Geduld, ich komme noch darauf zu sprechen, sei still und hör einfach zu!”

Dann setzte er die Geschichte fort: “Ich war bei ihnen zwei, drei Mal eingeladen. Sie haben ein hübsches, großes Haus. Ihr Vater hatte 1948 in der ägyptischen Armee gegen Israel gekämpft, zur Staatsgründung Israels. Er hat ihre Mutter, eine Palästinenserin, die ihre Familie, Mann und Tochter verloren hatte, mit nach Ägypten genommen und geheiratet. Sie lebten lange auf dem Dorf, bis der Pascha sie mit nach

London nahm. Der Vater hat das Vermögen des Paschas verwaltet, und das war nicht wenig. Der Pascha hatte ihren Vater gemocht und ihm dadurch den Zugang zur Welt geöffnet. Sie ist in Deutschland, wo später ihre Familie für kurze Zeit lebte, als viertes Kind zur Welt gekommen. Die ersten zwei Kinder waren Jungs, daher war die Freude groß, eine Tochter zu bekommen. Wie alle anderen Araber lieben die Ägypter eigentlich ihre Söhne mehr als ihre Töchter, denn sie sind Stammhalter und Finanzstütze der Familie. Die Söhne unterstützen die gesamte Familie in jeglicher Hinsicht."

Allmählich wurde ich ungeduldig: "Das brauchst Du mir nicht zu erklären, das weiß ich nur zu gut. Was ist mit dem Mädchen los?"

"Warte doch, hab Geduld. Ihr Vater erzog seine Kinder auch hier in Deutschland sehr konservativ und traditionell. In London hatten sie keine Probleme mit der Gesellschaft und der anderen Kultur. Jeder respektierte in London den anderen, wie er war, ob mit Kopftuch, Sari oder kurzer Hose. Ob Moslem, Christ, Jude, Hindu, oder Buddhist. Leben und leben lassen. In Deutschland war das völlig anders: Hier störten sich die Menschen an Kopftüchern und anderen Gewohnheiten der Ausländer. Daher war der Vater der Meinung, dass seine Kinder in einer arabischen Gesellschaft groß werden und von einer Kultur geprägt werden sollten, die die ihre ist. Also fuhr er mitsamt seiner Familie zurück nach Ägypten. Auf dem Dorf gingen die Kinder in die Schule, lernten wieder die arabische Sprache, beteten, fasteten und nahmen immer mehr die arabisch-dörfliche Lebensart an, geprägt und gezeichnet durch Sitten und Gewohnheiten, die in Traditionen gründeten und weniger mit ihrer Religion zu tun hatten. Der Vater fühlte sich in seiner Heimat sicherer und freier. Die Eltern kümmerten sich liebevoll um ihre Kinder, der Vater wurde weiter vom Pascha finanziell unterstützt, so dass sie keine Geldsorgen hatten. Das Mädchen war immer in Begleitung ihrer Mutter. Beide, wie du weißt, durften das Haus nur in Begleitung des Vaters oder einem der Brüder verlassen. Der Vater bestimmte, wer, wo und wann ein- und ausging, auch Einladungen zu Freunden wurden nur vom Vater geplant. Bei Einladungen, Besuchen und Feiern saßen Männer und

Frauen meistens getrennt voneinander. Der älteste Bruder wurde Professor für Literatur und Geschichte, erhielt eine gute Anstellung an der Universität Kairo und engagierte sich auch politisch—sehr zum Leidwesen seines Vaters. Der jüngere Bruder hatte sein Betriebswirtschafts-Studium beendet, und zur gleichen Zeit schloss die Tochter ihre Mittlere Reife ab. Nun stellte sich aber die Frage: Wie geht es weiter? Wie sieht die Zukunft aus? Der Vater beschloss, dass der Älteste heiraten sollte. Gedacht, gesagt, getan. Der älteste Sohn wurde mit einer Frau aus demselben Dorf verheiratet. Als Regimekritiker bekam er aber recht bald ziemlich große Probleme. Der Vater beschloss, dass die Familie wegziehen müsse. Nur, wohin? Der Sohn tendierte dazu, wieder ins Ausland zu gehen. Nach langen Überlegungen einigten sich die männlichen Familienmitglieder schließlich auf eine Lösung, und die gesamte Familie siedelte ins Ausland über. Die Polizei hatte den Vater schon mehrmals wegen des regierungs- und systemfeindlichen Verhaltens seines Sohnes verwarnt. Er sollte mäßigend auf ihn einwirken, andernfalls würde der Älteste eingesperrt."

Während Abraham erzählte, sah ich vor meinem geistigen Auge meine eigene Familie und spürte die Verbindung zu jener jungen Frau. Das hätte genauso gut mein Leben sein können, meine Familie, meine Brüder, dachte ich fortwährend, während Abraham weitersprach.

"Der Vater bekam es mit der Angst zu tun, beantragte also Urlaubsvisa für Deutschland, packte seine Sachen und kam mit seiner Familie nach Deutschland. Sie kannten hier bereits eine ägyptische Familie, die seit dreißig Jahren in Deutschland lebte. Hier sah der Vater größere berufliche Chancen für seine Kinder als in Großbritannien. Diesen Eindruck hatte er bereits vor Jahren bei ihren kurzen Aufenthalten in Deutschland gewonnen. Mit Hilfe dieser Familie meldeten sich die zwei jüngeren Söhne zum Sprachkurs und zur Arbeit an. Sie erhielten eine Aufenthaltserlaubnis für sich und die restliche Familie. Der Aufenthalt in Deutschland war so lange gesichert, wie man keine finanziellen Unterstützungs-Leistungen beanspruchte. Der ältere Sohn entschied sich für den Handel, eröffnete einen Laden für Teppiche und orientalische

Waren. Das Geschäft florierte, man konnte sich vergrößern und in anderen Städten weitere Filialen eröffnen. Dass alles so schnell und leicht ging, verdankten sie dem Glück, der ägyptischen Familie und deren Freund in der Ausländerbehörde, der es ihnen überhaupt erst ermöglicht hatte, hier zu bleiben. Wie es ihnen gelungen ist, hier zu bleiben und den Aufenthaltstitel zu bekommen, kann ich dir beim besten Willen nicht erklären. Tatsache ist: sie blieben. Die Tochter, die ja während des ersten Besuchs in Deutschland geboren worden war, ging hier weiter zur Schule. Die gesamte Familie konnte endlich ruhig schlafen. Bis die Tochter in die Pubertät kam und mit anderen Schulkameraden durch die Stadt schlendern und zum Shoppen in Geschäfte wollte. So, wie das auch ihre Schulkameradinnen mit aller Selbstverständlichkeit der Welt tun konnten. Aber sie durfte nicht. Sofort nach der Schule musste sie nach Hause kommen. Ihr Stundenplan hing in der Küche und konnte von allen Familienmitgliedern eingesehen werden. Jeder wusste, wann sie Schulschluss hatte. Der Weg war genau berechnet. Wie viele Minuten zu Fuß sie brauchte, wann der Bus abfuhr und wann wiederum die Busankunft war. Die Haltestelle war genau vor der Haustür, sodass der Vater oft am Fenster stand und genau sehen konnte, neben wem seine Tochter im Bus stand und mit wem sie sprach. Kaum erreichte sie die Haustür, war der Türöffner schon betätigt. Kaum im Haus, nahm ihr der Vater die Schultasche aus der Hand, die Mutter war mit dem Decken des Tisches beschäftigt.

'Komm Kind, wasch dir die Hände und setz dich zu Tisch', sagte die Mutter. Fast täglich die gleichen Sätze. 'Iss, ich habe deine Lieblingsspeise für dich vorbereitet, ich koche dir gleich noch einen frischen Tee mit grüner Pfefferminze. Möchtest du dich ausruhen oder gleich nach dem Essen deine Hausaufgaben machen?'

‚Ich möchte nicht essen und auch keine Hausaufgaben machen, die habe ich schon in der Schule erledigt. Ich möchte mit Marianne in die Stadt gehen, und dann wollen wir mit anderen aus der Klasse durch die Geschäfte bummeln.'

Sofort schaltete sich der Vater ein: 'Wir gehen gemeinsam in die Stadt zum Einkaufen. Du bekommst alles, was du brauchst. Was fehlt dir? Möchtest du ein neues Kleid? Wenn ja, dann gehen wir heute gemeinsam einkaufen. Sag uns, in welches Geschäft du gern möchtest. Wir bringen dich, wohin du willst.'

Das Mädchen brach in Tränen aus: 'Papa, du verstehst mich nicht: Ich möchte mit meinen Freundinnen durch die Stadt schlendern, ich will nichts einkaufen, und ich will auch nicht immer nur mit euch zusammen sein. Meine Brüder gehen doch auch alleine aus—warum darf ich das nicht?'"

Ja, so war es bei mir auch, dachte ich, genau das habe ich in Kairo damals auch zu meinem Vater gesagt.

Abraham fuhr fort: "'Ich will allein ausgehen wie alle Mädchen', begehrte sie auf, 'will mit ihnen ins Kino gehen. Ich gehe nicht in Diskos, ich weiß, du willst es nicht, aber tagsüber könnte ich doch hin und wieder mit meinen Freundinnen Kaffee trinken, Eis essen oder spazieren gehen. Warum müsst ihr immer dabei sein?'

Die Antwort des Vaters war so klar wie direkt: 'Du bist keine Deutsche, wir haben unsere Sitten und unsere Moralvorstellungen! Meine Tochter bleibt anständig, kleidet sich anständig, benimmt sich anständig und richtet sich nach unserer Kultur, nach unserer Religion und unseren Gepflogenheiten. Wir leben hier, wir halten uns an das hiesige Gesetz, aber die deutschen Moralvorstellungen und Gewohnheiten müssen wir noch lange nicht annehmen, merke dir das ein für alle Mal, und vergiss es nicht. Ich verstehe dich nicht: Es fehlt dir an nichts, deine Eltern sind bei dir, du gehst zur Schule, später kannst du auch studieren, wir sind alle gesund und haben keine Geldsorgen. Du bekommst alles, was du dir wünschst. Du kannst in dein Zimmer gehen oder zu deiner Mutter. Unser Gespräch ist hiermit beendet.'

Das war das Alltagleben der Tochter. Dass sie traurig und einsam war, konnten sich die Eltern nicht vorstellen. Und nun hatte sie sich auch noch in einen Jungen aus ihrer Schule verliebt! Es kam, wie es kommen musste: Eines Tages sah der Bruder sie an der Bushaltestelle mit dem Jungen stehen, sich umarmend und küssend. Für die Familie brach eine Welt zusammen. Dieses undankbare Geschöpf benimmt sich wie eine Hure in der Öffentlichkeit und bringt ihrer Familie nur Schande! Allabendlich tagte nun der Familienrat. Die Tochter durfte das Haus nicht verlassen und wurde vom Bruder in der Schule krankgemeldet. Eine Woche lang wusste sie nicht, was mit ihr geschehen würde, keiner hat mit ihr gesprochen, und sie durfte auch nicht an den gemeinsamen Mahlzeiten teilnehmen. Sie lag in ihrem Zimmer. Völlig alleine und ausgestoßen."

"Ja, eine solche Situation habe ich auch erlebt, als mein Bruder erfuhr, dass ich mit meinem Verlobten allein ins Kino ging", entfuhr es mir spontan.

Abraham fuhr fort: "Ab und zu, wenn die Männer zu sehr in die Diskussion vertieft waren, kam ihre Mutter leise und verstohlen und brachte ihr etwas zu trinken oder zu essen. Die Familie beschloss, dass die Tochter das aktuelle Schuljahr noch abschließen und zurückgehen sollte zu ihrem Onkel nach Ägypten, um dort möglichst intensiv die arabischen Sitten zu verinnerlichen. Denn, so die Auffassung der Familie: In einem arabischen Land und unter der Obhut des Onkels und seiner Kinder wird sie auf andere Gedanken kommen und auch zu schätzen lernen, was sie hier mit ihrer Familie verloren hat. Von nun an wurde das Leben für sie zur Hölle!"

Spätestens jetzt wusste ich, warum ich so schlecht geschlafen hatte: Alles erinnerte mich in Abrahams Erzählung an meine eigene Familie. Der schönen Unbekannten erging es ähnlich wie mir damals. Das war es also, das mich bei ihrem Anblick ein Gefühl der Verbundenheit hatte spüren lassen: Sie verkörperte einen Teil meines eigenen Lebens!

Abraham schaute auf die Uhr: "O, mein Gott, es ist ganz schön spät geworden, lass uns ein anderes Mal weiter darüber reden."

Ich hätte gerne noch mehr erfahren, verstand ihn aber und brachte den Freund nach Hause. Die Tür schloss sich hinter ihm, mein Blick schweifte über die Rosenbeete neben seinem Haus, und unwillkürlich musste ich denken: Wie sieht es eigentlich bei ihm zu Hause aus? Verhält er sich womöglich seiner Tochter gegenüber genauso? Er hatte mir, wie es seine Art war, keinen Kommentar zu dem Ganzen gegeben. Er hatte einfach nur erzählt!

Es vergingen zwei lange Wochen, in denen ich von Abraham absolut nichts hörte. Immer wieder musste ich unaufhörlich an die junge Frau denken. Und immer wieder auch an meine eigene Vergangenheit. Es war für mich unvorstellbar, dass gebildete Brüder aus einer Familie, die seit langem schon in London und in Deutschland war und mittlerweile zum gehobenen Mittelstand der Gesellschaft gehörte, gut gekleidet und mit guten Umgangsformen, immer noch ihren tradierten Gewohnheiten unkritisch verhaftet, mitten unter uns lebte. Anscheinend hatte sie sich weder angepasst noch etwas angenommen und nichts in Frage gestellt. Alles, was sie mitbrachte, hatte für sie auch hier seine Gültigkeit behalten.

Gedankenversunken saß ich am Schreibtisch, als meine Sprechstundenhilfe mir das Telefonat eines Kollegen weitervermittelte.

“Hast du heute Abend Zeit zu einem gemeinsamen Essen? Ich lade dich ein!”, kam Abraham sofort zur Sache.

In seiner Stimme verspürte ich Zeitdruck. “Wo und wann?”

“Um 20 Uhr in der Fröschengasse, bis später!”

Das war’s. Er legte auf. Ich freute mich über die spontane Verabredung, aber auf der anderen Seite fand ich es schon ziemlich ungewöhnlich, dass ein arabischer Mann mich als gebürtige Araberin so oft traf, ohne Hintergedanken. Denn üblicherweise gehen bei uns Männer mit Männern aus. Da stellte sich die Frage: Warum suchte er so plötzlich das Gespräch mit mir?

FAMILIENGESCHICHTEN I

ICH SCHLOSS DIE PRAXIS und machte mich auf den Weg. Zu meinem Erstaunen saß der Kollege bereits am Tisch und unterhielt sich angeregt mit dem Restaurantbesitzer. Auch ungewöhnlich, denn im Allgemeinen sind Araber nach meiner Erfahrung nie pünktlich.

Ich setzte mich und kam, nach einem kurzen Smalltalk, sogleich auf unser voriges Gespräch zurück. "Was ist aus der jungen Frau geworden? Hast du sie zwischenzeitlich gesprochen? Wenn du möchtest, kann ich mit ihr Kontakt aufnehmen, denn als Frau würde ich auch von ihrer Familie wohl mehr akzeptiert als du."

Er schien erleichtert über mein Angebot. "Ja, das wäre keine schlechte Idee. Ich werde sie fragen, denn ich habe sie zu mir in die Praxis bestellt. Dort mit ihr zu sprechen, ist die einzige Möglichkeit. Sowohl mit dir als auch mit mir. Ihre Brüder und der Vater lassen sie nicht mehr aus den Augen. Und in meiner Praxis fühlt sie sich auch sicher. Sie hat sich jetzt von ihrem Mann getrennt, es geht ihr schon besser."

"Wie bitte, sie ist schon verheiratet?" Ich war schockiert. So, als hätte ich ein Kapitel ihres Lebens verpasst.

"Direkt nach ihrem Abitur wurde sie ganz schnell, still und leise verheiratet. Ihr Bruder konnte kaum abwarten, sie zu verheiraten. Für sie jedoch war das so besser, sonst hätte noch Schlimmeres geschehen können. In Ägypten und bei ihrem Onkel, wohin sie die Familie abgeschoben hatte, weinte sie viel, konnte nichts essen und magerte massiv ab. Alle Vitamine und Eisenpräparate, die man ihr gab, erbrach sie sofort. Der Onkel wollte die Verantwortung schließlich nicht mehr übernehmen aus Angst, sie werde bald sterben. So entschied ihr Vater, sie zurückzuholen. Der Bruder kam extra dafür nach Ägypten.

Kurz vor ihrem Abflug hat sie noch eine bewegende Geschichte über ihre Mutter erfahren. An einem Abend, während sie mit der Frau ihres

Onkels in der Küche war und das Abendessen vorbereitete, sagte diese zu ihr: 'Hab Verständnis für deine Mutter. Sie hat Schweres durchgemacht, und das will man dir ersparen. Deine Familie will nur das Beste für dich! Sie möchte, dass du als verheiratete Frau dein Leben lang stolz bist, und es dir nicht so ergeht wie deiner Mutter. Denn dein Vater ist ihr zweiter Mann. Der erste stammte aus demselben Dorf in Palästina wie sie und ist im 1948er Krieg gefallen. Er war Jude. Aus der Ehe hatten beide eine Tochter, die zu der Zeit bereits fünfzehn Jahre alt war. Diese Tochter wollte dein Vater aber nicht haben. Er hat sie an einen Ägypter verheiratet. Deine Mutter durfte sie später noch nicht einmal besuchen. Immer wieder hat dein Vater deine Mutter geschlagen, wenn sie sich heimlich mit ihrer Tochter getroffen hatte, vor allem, weil die Tochter keine *richtige* Muslima war. In den Augen der Leute war sie einfach nur *die Jüdin.* Das ist der Grund, warum du deine Schwester nicht kennst. Deine Mutter hat viel unter deinem Vater gelitten. Wie oft hat er sie gehänselt, weil er sie sozusagen als *gebrauchte* Frau geheiratet hat! Sie sollte dankbar sein, dass er ihr eine Familie geschenkt hat. Deshalb ist es so wichtig, dass du, wenn du heiratest, unbedingt noch Jungfrau sein solltest. Denn dann wird dich dein Ehemann respektieren und ehren müssen, und auch deine Familie genießt gesellschaftliches Ansehen. In jedem anderen Fall würdest du dir und deiner Familie große Schande bereiten. Glaub mir, sie alle meinen es gut mit dir. Halte dich an die Normen, dann geht es dir auch gut'.

Das Mädchen war sprachlos. Jetzt konnte sie sich das Verhalten ihrer Mutter erklären. Wie oft hatte die Mutter geweint, wenn sie alleine war, wie oft hatte sie heimlich Pakete zur Post gebracht, wie oft war sie eingeschüchtert und traurig gewesen. Auf einmal verspürte die junge Frau Mitleid und Respekt ihrer Mutter gegenüber. Sie nahm sich vor, sich nach ihrer Rückkehr ihr gegenüber anders zu verhalten und nicht mehr böse und abweisend zu reagieren. Und: sie wollte unbedingt auch ihre ältere Schwester kennenlernen.

Da sie nicht alleine fahren konnte, überredete sie den Sohn ihres Onkels, sie zu begleiten.

Nach langem Zögern, nicht zuletzt weil er Angst vor seinem Vater hatte, kam er eines Tages zu ihr: 'Komm schnell, wir machen uns auf den Weg. Mein Vater ist heute Abend beschäftigt. Aber du darfst keinem Menschen verraten, was wir jetzt tun'.

Sie gab ihm ihr Wort, und beide verließen eilig das Haus, hielten ein Taxi an, stiegen schnell ein und fuhren davon. Auf dem Weg hielten sie vor einem Laden an, kauften einige Süßigkeiten, stiegen sofort wieder ein, und die Fahrt wurde fortgesetzt. Er vorne, sie selbstverständlich auf dem Rücksitz. Aber dort hatte sie wenigstens Gelegenheit, ihrer Phantasie freien Lauf zu lassen. Und sie versuchte die ganze Zeit, sich vorzustellen, wie ihre Halbschwester denn wohl aussehen mochte. Warum hatten die Eltern nie von ihr gesprochen? Wie konnte ihr Vater Mutter und Tochter trennen? Mit welchem Recht geschah dies alles? Viele Fragen durchwirbelten ihr Gehirn. Fragen, auf die sie keine Antworten fand. Alles war ihr so fremd: die Gewohnheiten, die Sitten und die Gesellschaftsstruktur. Sie war einfach nur entsetzt.

Der Wagen näherte sich einer sehr ärmlichen Gegend. Die Straßen, wenn man sie noch so bezeichnen konnte, waren holprig und lehmig. Es ging fast nur im Schritttempo voran, gefolgt von einem Pulk mit örtlichen Kindern, die natürlich alle gern wissen wollten, wer da wohl mit dem Taxi kam, und vor allem zu wem. An einem grün gestrichenen Haus hielt das Auto an. Der Cousin blieb im Wagen und zahlte. Sie stieg aus. Einige Kinder hatten bereits an der Haustür geklingelt. Die junge Frau schwitzte vor Aufregung und Angst. Was kam da jetzt wohl auf sie zu? Ihre feuchten Hände vermochten kaum die mitgebrachten Süßigkeiten zu halten. Ein Mann in südägyptischer Tracht öffnete und schaute überrascht auf sie herab. Wer sie denn bitte sehr sei, was und zu wem sie wolle? Es verschlug ihr quasi die Sprache vor lauter Aufregung.

Ihr männlicher Begleiter saß bei geöffneter Tür im Taxi und rief Richtung Haus: 'Meine Cousine aus Deutschland möchte ihre Schwester besuchen!'

Und dann, nach einem Moment der Stille, in der man fast hören konnte, wie das Gegenüber schluckte: '*Du* bist ihre jüngere Schwester?'

Die Angesprochene konnte nur mit dem Kopf nicken, während Tränen ihre Wange bedeckten.

Man bat sie hinein. Es kamen einige Frauen und Mädchen, brachten Getränke und Süßigkeiten. Sie saß auf einem der Sofas, die den Raum ausfüllten, fixierte gespannt wartend die Tür, und dann kam sie: eine ältere, hübsch angezogene Frau in ägyptischer Tracht, geführt von ihrem Sohn, den Blick in ein Anderswo gerichtet. Sie litt seit Jahren an einer in Ägypten weit verbreiteten und zur Erblindung führenden Augenkrankheit.

Für einen kurzen Moment verspürte die junge Frau eine tiefe Verachtung in sich hochsteigen. Sie verachtete ihren Vater. Ihre Brüder. Ja, womöglich alle Männer, die so handelten.

Die Schwester streckte ihre Arme aus: 'Gott hat meine Gebete erhört! Wie sehnlichst wünschte ich mir doch immer, dich und deine Brüder eines Tages im Arm zu halten. Lass mich dich umarmen. Ich weiß, wie du aussiehst, deine Mutter hat mir immer wieder Fotos von euch geschickt'.

Sie betastete ihre jüngere Schwester am ganzen Körper, drückte sie fest an sich und mochte sie gar nicht mehr loslassen. Nur ihr tiefes Ein- und Ausatmen war spürbar. Sie nahm die Hand der jungen Frau, setzte sich neben sie auf das Kanapee und ließ sie in den folgenden zwei Stunden nicht mehr los. Alles wollte sie über sie wissen, über die Mutter, die sie seit Jahren weder gesehen noch gesprochen hatte, über ihre Brüder und deren Kinder. Nur über den Vater verlor sie kein Wort. Nach Mekka pilgern wollte sie, das war ihr großer Wunsch, und die Mutter noch einmal im Arm halten, bevor sie dann in Frieden sterben werde.

'Jetzt habe ich dich gerochen und gespürt, wie sanft und weich du dich anfühlst', sagte sie zu ihrer kleinen Schwester und strich ihr mit der flachen Hand über das Haar. 'Mein Sohn ist glücklich verheiratet, hat selbst Kinder, alle sind gesund und zufrieden.'

Plötzlich hieß es: 'Es ist spät, wir müssen sofort aufbrechen'. Der Abschied war hektisch, sie drückte ihre Schwester fest an sich und legte ihr bei der Gelegenheit einige hundert Euro in die Hand. 'Das ist für dich, mein Anteil für die Pilgerreise nach Mekka.' Es war das Geld, das sie bei ihrer Abreise aus Deutschland von ihrer Mutter bekommen hatte mit dem Rat, es immer für einen Notfall bei sich zu tragen. Das hier war so ein Notfall. Es gab keinen wichtigeren und ergreifenden Grund, für den sie das Geld hätte ausgeben können als für ihre ältere Schwester, die sie heute zum ersten Mal sah.

Als sie wieder im Taxi saß, reichte ihr die Schwester ihren Reisepass: 'Den brauchst du für die Formalitäten meiner Reise nach Mekka.'

Tränenreich nahmen sie voneinander Abschied. Während das Taxi sich langsam in Bewegung setzte, warf sie, den Pass fest in der Hand, ihrer Schwester noch einmal einen letzten langen Blick zu. Dann verwirbelte der Sand die Silhouette der Zurückbleibenden am Horizont.

Die folgende Nacht war ihre längste und schwerste. Am nächsten Morgen wollte sie das Bett nicht verlassen, bleischwer und wie gelähmt fühlte sie sich von der gestrigen Begegnung. Sie stand dennoch auf, schob die schweren Vorhänge zur Seite, musste wegen des hellen Lichts kurz die Augen schließen und schaute hinaus auf den wunderschönen Garten voller Rosen und Jasmin, das nebenan liegende große Schwimmbad und die Tennisplätze. Alles war freundlich und unbekümmert. Sie ging zum Balkon und labte sich an den Sonnenstrahlen. Und wieder griff das Bild ihrer Schwester nach ihr, und der Wunsch nach Mekka zu pilgern, ließ sie nicht los. Sie ging zurück ins Zimmer, holte den Reisepass aus der Handtasche und schmiedete einen Plan.

Der Cousin musste wieder herhalten. Denn er war ein Mann. Er würde ihr Begleiter sein. Er musste auch das Visum beantragen, zur Behörde gehen und den Beamten ein hilfreiches Bakschisch geben. Für Geld bekam man alles. Auch ein Visum. *Er* musste das Flugticket kaufen, sie mit dem Taxi abholen und eine Nacht mit ihr in Kairo, in der Nähe des Flughafens, bleiben. Es durfte nichts schief gehen. Er sollte mit ihr zum Essen gehen, ihre Kleider kaufen, ihr Taschengeld für Saudi-Arabien geben und mit ihr nach Riad fliegen. Er sollte sie bei seiner Tante Mona, die mit ihrer Familie in Riad lebte, abliefern. Das war seine

Aufgabe. Wie aber, fragte sie sich, sollte sie einen jungen arabischen Mann dazu bringen, ihr diesen Gefallen zu tun? Er hatte zu dieser Cousine keine Beziehung. Woher denn auch, wenn sein Vater selbst nichts mit ihr zu tun haben wollte, woher sollten dann Liebe, Verantwortung und Interesse kommen? Sie musste ihm diesen Plan irgendwie schmackhaft machen.

Das Gedanken- und Pläne-Wirrwarr im Kopf, ging sie wie eine Löwin im Zimmer auf und ab. Sie rief ihren Cousin, der dann auch kam, aber recht unwillig, denn er hatte Angst vor ihren neuen Ideen und nicht zuletzt eben auch davor, dass der Besuch bei ihrer Schwester doch noch bekannt würde.

'Lass uns kurz durch die Stadt gehen', schlug sie vor.

'Nein, mein Vater wird böse auf mich werden.'

Aber sie überredete ihn, und beide spazierten durch die Stadt und zum Nilufer. Das war schon ziemlich gewagt, denn für eine Frau war es nicht erlaubt, sich alleine mit einem Mann in der Öffentlichkeit zu zeigen. Sie lud ihn zum Essen ein. Er aber kaufte seine geliebten Süßigkeiten und dazu Obst, zeigte ihr die Geschäfte, in denen auch die Familie Geschenke kaufte, machte Vorschläge für Mitbringsel und war einfach nicht davon zu überzeugen, dass keiner ihrer Freunde diese Gegenstände bei sich zu Hause aufstellen würde. Vielleicht wollte er auch eigentlich nur seinen Geschäftsfreunden die Verwandte aus Deutschland zeigen. Ihm zuliebe kaufte sie schließlich einige Sachen, die sie später, noch in Ägypten, an Kinder verschenkte.

Als sie vor einem großen Hotel standen, fiel ihr ein, dass sich oft in solchen Hotels in Ägypten auch Reisebüros befanden. Ohne viel Worte zerrte sie ihren Begleiter hinein: 'Lass uns doch einfach mal fragen, wie teuer ein Flugticket nach Mekka ist.'

Ihm schwante sofort, was das bedeuten sollte. Fluchend lief er hinter ihr her. 'Du bist verrückt! Du Europäerin, weißt du überhaupt, was du da tust?'

Sie würdigte ihn keines Wortes, ging hinein und erfragte Preis und Formalitäten.

Er stand sprachlos neben ihr und zerrte ständig an ihrer Jacke. 'Komm wir müssen gehen!'

Ja, aber erst, nachdem sie alles wusste, was sie wissen wollte. Vor dem Hotel angekommen, nahm sie allen Mut zusammen und bat ihn, ihr zu dabei zu helfen, den Wunsch der Schwester zu erfüllen.

Er aber lachte nur: 'Ihr Ausländer seid sentimental und naiv, wie soll das gehen?' Aber dann steckte er den Notizzettel, den sie ihm gab, doch ein. 'Gut. Ist in Ordnung. Ich tue es für dich. Ich verspreche es dir. Ich werde sie auf der nächsten Pilgerreise begleiten, allerdings nur, wenn du auch meine Kosten übernimmst.'

Sie sagte zu. Und dann rief sie die Mutter in Deutschland an, machte ihr zuerst bittere Vorwürfe, dass sie ihr nie von der Schwester erzählt hatte und bat sie dann um Geld für zwei Flugkarten und kleinere Ausgaben. Die Mutter vereinbarte mit ihr, das Notwendige im Reisenecessaire des Bruders zu deponieren. Er würde sie in den kommenden Tagen abholen, um mit ihr nach Deutschland zu reisen.

Als der Bruder kam, ahnte er nicht, was sich in seinem Gepäck verbarg. In einem günstigen Moment ging sie unauffällig zu seinem Koffer, holte das Geld aus dem vereinbarten Versteck und übergab es umgehend ihrem Cousin, verbunden mit der inständigen Bitte, alles zu tun, damit ihre Schwester wenigstens diesen Wunsch erfüllt bekäme. Sie erklärte ihm nochmals alles im Detail und packte ihn bei seiner Ehre: 'Du bist ein Mann", sagte sie bestimmend, ‚du allein kannst dieser armen Frau helfen! Du allein, nicht ihr schwacher Sohn, nein, nur du kannst ihr helfen, da bin ich mir sicher!'

'Du kannst dich hundertprozentig auf mich verlassen, dein Wunsch ist mir Befehl', gab er zurück.

'Hier hast du den Reisepass, hier ist Geld für die Formalitäten, für Bakschisch, Essen, Kleider, Übernachtung und Taxi. Und hier ist das Geld für zwei Flugtickets. Du allein wirst es für mich, für sie, für Gott und vor allem für dich tun, denn du wirst von Gott dafür belohnt.'

Er strahlte, richtete sich auf, atmete tief ein und fragte mit demonstrativer Wichtigkeit: 'Wirst du versuchen, mich nach Deutschland zu bringen, wenn ich hier in Kairo meinen Magister in Medizin bestanden habe?'

Sie begriff sofort, dass, wenn sie nein sagte oder eine unsichere Antwort gäbe, er ihrer Schwester nicht helfen würde. Sekundenschnell schossen ihr viele Gedanken durch den Kopf. Sie konnte ihm nicht versprechen, ihn nach Deutschland zu holen, aber ihre Schwester musste unbedingt und so bald wie möglich nach Mekka. Sie entschied sich für eine diplomatische Antwort: 'Ja, es wird mir eine Freude sein, einen Angehörigen meiner Familie bei mir zu haben. Ja, und auch du, der du Mediziner bist, kannst dein Fachwissen in Deutschland vertiefen und nach Palästina oder Ägypten zurückkehren, um dort beim Aufbau des Landes zu helfen. Ja, es wäre schon gut, wenn du ein deutsches Visum bekämst. Ich werde tun, was in meiner Macht steht.'

Er ließ nicht locker: 'Aber du als Deutsche kannst mich zu dir holen, ich kann bei euch leben und in einem Krankenhaus arbeiten.'

Sie lachte. 'Bei alten Leuten wirst du nicht leben wollen, eine Blondine wirst du heiraten und gleich Kinder in die Welt setzen.'

Jetzt war es an ihm, zu lachen. 'Heiraten würde ich ja schon gern, aber ich habe kein Geld für eine Braut. Ich bin schon über dreißig und habe immer noch keine Familie, keine Frau und keine Kinder.'

Das war ihre Chance, an ihn heranzukommen. 'Ich werde mit deinem Vater reden. Ich denke, wir alle können dir helfen, bald zu heiraten.'

Er war zufrieden, nahm alles entgegen und versprach ihr, im Juli dieses Jahres mit der Schwester nach Saudi-Arabien zu fliegen.

Mal sehen, dachte sie und nahm einen langen Zug aus der dicken Luft, die sie umhüllte. Sie überreichte ihm den Reisepass ihrer Schwester und spürte, wie er leicht zusammenzuckte, als er ihr die Hand entgegenstreckte, um das Dokument zu nehmen. Sie war jetzt einige tausend Euro los und den Pass der Schwester dazu. Ihre Gedanken schwirrten durch den Kopf, und ihre Seele fand keine Ruhe. Eine Ohnmacht überfiel sie und ließ sie wie versteinert im Haus des Onkels sitzen.

Zwei Tage später flog sie mit ihrem Bruder nach Deutschland, und noch im Flugzeug fragte ihr Bruder sie, warum sie mit ihrem Cousin zwei Mal alleine ausgegangen sei. Warum war sie so widerspenstig und respektierte kein Verbot?

'Was, bitte sehr, ist daran unmoralisch, wenn ich mit meinem Cousin in die Stadt gehe?' Sie war überrascht, dass er das alles wusste. Hatte der Cousin sie etwa verraten?

'Dein Cousin liebt dich und will dich heiraten. Was habt ihr in der Zeit zusammen gemacht? Hat er dich etwa angefasst?'

'Nein, wirklich nicht, wir haben nichts getan.'

Der Bruder schwieg. Er schwieg den gesamten Flug, sie war für ihn einfach nicht existent. Am Flughafen telefonierte er noch vom Parkhaus aus, wo sein Wagen stand, mit wer weiß wem. Und dann fuhr er nicht zu ihr nach Hause, sondern in die Stadtmitte, parkte das Auto und befahl ihr, auszusteigen und mit ihm zu kommen. Er musste zum Arzt, und sie sollte ihn begleiten. Sorge um den Bruder keimte in ihr auf.

Hoffentlich war er nicht ernstlich krank, das wäre eine große Katastrophe für den Vater. Dieser Bruder war ihr Vorbild, hatte ihr Vertrauen und ihre Zuneigung. Seit einiger Zeit allerdings immer litt ihre Beziehung zu ihm, denn er quälte sie zunehmend mit seinen Befehlen und Kontrollen. Seit einigen Jahren hatte er Zuhause das Sagen, und alle mussten tun, was er wollte."

❧

FAMILIENGESCHICHTEN II

ABRAHAM ERZÄHLTE PAUSENLOS. Ich hörte einfach nur zu und saß die ganze Zeit still neben ihm. Wir aßen wenig und tranken dafür umso mehr. Das Restaurant leerte sich allmählich, es ging auf Mitternacht zu. Wir mussten beide am nächsten Tag wieder arbeiten. Also sollte jetzt Schluss sein. Ich bat ihn um ein Wiedersehen bereits am nächsten Abend.

Er warf einen kurzen Blick in den Terminkalender: "Ja, geht in Ordnung. Wieder hier?"

"Nein, lieber im Restaurant in der Nähe des Schlosses, bei Kunzes, um die gleiche Zeit", entgegnete ich.

Schweigend und nachdenklich verließen wir beide das Restaurant. Zu Hause angelangt, fühlte ich mich völlig erschöpft vor Traurigkeit und tief berührt.

Wie verabredet, trafen wir uns zum Essen, sehr zur Freude von Frau Kunze, die uns gleich gratis zwei Aperitifs mit herzlichen Grüßen von ihrem Mann, dem Koch des Hauses, servierte.

Ich war ungeduldig und wollte nun endlich die Fortsetzung von Abrahams Erzählung hören: "Ich weiß, wo du aufgehört hast: Sie und ihr Bruder fuhren direkt nach der Ankunft aus Ägypten zum Arzt, weil der Bruder angeblich krank war."

Er lachte und sagte: "Du hast Recht mit: angeblich. Seine Schwester wunderte sich schon, dass er ausgerechnet sie als Begleitperson mitnahm. Schließlich war sie die Jüngste und dazu noch weiblich. Andererseits war sie aber auch stolz darauf und sah es als Zeichen des Vertrauens, oder besser gesagt: als Zeichen des wieder gewonnenen Vertrauens. Aber sie gingen nicht etwa zu jenem Hausarzt, der ihre Familie seit langem betreute, sondern in eine Gemeinschaftspraxis, zu der ein Allgemeinmediziner, ein Gynäkologe, ein Haut- und ein Kinderarzt gehörten. Nun saßen sie im Warteraum und warteten. Was sie wunderte: Der Bruder sah keineswegs krank aus, hustete nicht wie üblich vom vielen Rauchen und klagte über keine Schmerzen, was er sonst bei der geringsten Erkältung tat. Da musste es etwas Ernstes sein, dachte sie. Und ernst schaute er ja auch drein. Still und nachdenklich wanderte sein Blick durch den Warteraum. Ruhig, entschlossen und traurig. Sie rückte näher, hielt seine Hand und drückte sie fest, als ob sie ihm sagen wollte: *‚Keine Angst, ich bin ja bei dir.'* Erschrocken zog er seine Hand weg, stand auf und ging zur Anmeldung, wechselte einige Worte mit der Arzthelferin und kehrte zu ihr zurück. 'Komm mit, wir gehen nebenan zu seinem Kollegen, hier müssen wir länger warten.' Wortlos stand sie auf und folgte ihm.

Im Nebenzimmer wartete bereits der Arzt, begrüßte sie beide freundlich und sagte dann, zum Bruder gewandt: 'Nehmen Sie bitte hier am Schreibtisch Platz, und Sie, junge Dame', und damit richtete er den Blick auf die Schwester, 'Sie gehen hier hinter den Vorhang und ziehen sich aus. Wenn Sie fertig sind, legen Sie sich bitte hier um die Ecke auf den Untersuchungsstuhl.'

Sprachlosigkeit und Versteinerung ließen sie sekundenlang verharren. Ein verzweifeltes 'Ich… ich…' wurde vom Bruder unterbrochen, indem er sie kurzerhand hinter den Vorhang schob und sagte: 'Tu was er sagt! Er wird dich untersuchen, ich warte hier.'

Sie zog sich aus, legte ihren Rock noch um ihre Hüfte und huschte ganz schnell um die Ecke, um sich auf die Liege zu legen. Zu ihrer Überraschung war es ein gynäkologischer Stuhl. Einmal hatte sie so einen Stuhl im Film gesehen, in dem eine Frau vom Frauenarzt untersucht werden musste und später ein Baby gebar. Sie selbst war noch nie bei einem Gynäkologen gewesen, warum auch? Sie blieb stehen, der Arzt rief die Helferin, beide kamen hinein. Ihr Bruder saß direkt nebenan bei offener Tür.

Im Angesicht des Arztes fing sie an zu weinen.

'Warum weinen Sie? Sie kennen doch die Untersuchung sicher. Ich bin auch ganz vorsichtig, Sie müssen keine Angst haben', versuchte der Arzt sie zu beruhigen.

Sie schluchzte und holte tief Luft. 'Nein, ich kenne das nicht, ich war noch nie beim Frauenarzt und bin nie untersucht worden. Ich bin noch Jungfrau, Sie dürfen mich nicht untersuchen, sonst bekomme ich große Probleme, wenn ich heirate.'

Der Arzt stand verunsichert vor ihr, schaute die Helferin an und ging zum Bruder. 'Sie haben mir doch gesagt, Ihre Schwester sei verheiratet und schwanger, ich solle sie untersuchen, ob auch alles in Ordnung ist. Aber ihre Schwester behauptet das Gegenteil, wie soll ich das verstehen? Ich kann sie gegen ihren Willen nicht untersuchen!'

Darauf ihr Bruder mit lauter Stimme: 'Meine Schwester ist psychisch krank, glauben Sie nicht alles, was sie sagt, sie erbricht dauernd und kann nichts essen, sie ist bestimmt schwanger, schauen Sie bitte nach', und er erhöhte die Stimme um eine Oktave, als er zu seiner Schwester gewandt hinzufügte: 'Lass ihn dich untersuchen, ich warte hier.'

Der Arzt kehrte ins Behandlungszimmer zurück, legte sanft seinen Arm um ihre Schultern, als ob er mit ihr litt und sagen wollte: *Lass es uns hinter uns bringen*. Er schob sie sanft zum Untersuchungsstuhl, sie legte sich hin—wie entwürdigend für sie! —schloss die Augen vor Scham und sagte nur: 'Bitte, untersuchen Sie mich nicht.'

Die Helferin neben ihr streichelte sie beruhigend mit der einen Hand, während sie mit der anderen dem Arzt das benötigte Instrumentarium reichte.

Der aber winkte ab, zog seine Einmalhandschuhe an, warf einen Blick auf ihre Scheide und sagte dann nur: 'Ziehen Sie sich bitte wieder an.' Danach zog er die Handschuhe wieder aus, warf sie verärgert in den Mülleimer und verließ eilig den Raum. Der Bruder folgte ihm. 'Ihre Schwester ist noch Jungfrau, bitte verlassen Sie meine Praxis, und kommen Sie nie wieder hierher.' Mit gesenktem Kopf und Augen voller Tränen verließ sie die Praxis in Begleitung ihres Bruders."

Das, was Abraham mir da erzählte, empörte und berührte mich gleichermaßen. So etwas ist in Ägypten möglich, sagte ich mir, aber hier in Deutschland? "Wieso lassen wir solche Menschen bei uns in Deutschland leben? Es ist unwürdig, wie er mit seiner Schwester umgegangen ist. Solche Männer müsste man ausweisen, sofort sollten sie das Land verlassen. Sie nehmen alle Vorteile und Annehmlichkeiten in Anspruch und lernen von der hiesigen Kultur nichts!"

Mein Kollege erwiderte: "Jetzt hör doch mal zu, oder sollen wir zuerst über die Gepflogenheiten verschiedener Kulturen diskutieren?"

"Nein, erzähl weiter!"

"Im Warteraum des Gynäkologen stand sofort ein junger Mann auf und folgte beiden hinaus. Vor der Tür begrüßte der Fremde ihren Bruder und drückte ihm einen Gegenstand, gewickelt in ein Tuch, in die Hand.

Der Bruder gab das geheimnisvolle Etwas zurück: 'Ist im Augenblick nicht mehr nötig, die Sachlage hat sich geändert.' Sie trennten sich schnell, und der Bruder ging wortlos seiner Schwester voraus die Treppe hinunter, ohne sich nach dem Fremden noch einmal umzusehen.

Zu Hause angekommen, erwartete der Vater sie bereits in der Haustür und fragte mit verärgerter Stimme: 'Wo wart ihr so lange? Warum hast du nicht angerufen?'

Eine kurze Umarmung für die Tochter, dann musste sie in ihr Zimmer. 'Und du, mein Sohn, kommst mit mir.' Der Streit zwischen den beiden war unüberhörbar.

Plötzlich war es still, und der Vater tauchte in der Zimmertür auf, ging langsam zu ihr, nahm ihre Hand und sagte: 'Komm, setz dich zu mir.'

Die Tochter, ängstlich, verunsichert, traurig und müde von der Fahrt, verstand überhaupt nicht, worum es ging. Er legte seinen Arm um sie, drückte sie liebevoll an sich und atmete erleichtert auf.

Sie fühlte die Wärme seines Körpers, hörte sein ruhiges Atmen und den regelmäßigen schnellen Herzschlag. Dann sagte er mit ernster und bestimmter Stimme zu ihr: 'Dein Bruder wollte dich töten! Er war der Meinung, dass du dich dem Cousin in Ägypten hingegeben hast. Deshalb hat er dich zum Arzt gebracht! Er wollte wissen, ob du noch Jungfrau bist oder nicht. Wenn sein Verdacht bestätigt worden wäre, hätte er dich getötet! Er hat sich von einem Freund eine Pistole besorgen lassen. Geh nie wieder mit ihm allein irgendwohin, bleib auch zu Hause nie allein mit ihm. Ich versuche, dich, soweit ich kann, zu beschützen. Versuch immer in meiner Nähe zu bleiben. Vermeide auch alle fremden Männer, geh wieder in deine Schule und mach das Abitur. Danach werden wir dich an deinen Cousin verheiraten, bei ihm bist du gut aufgehoben. Mein Bruder hat dich in der Zeit, als du bei ihm warst, gemocht, und er hat bereits mit mir darüber gesprochen, dass sein Sohn dich gern zur Frau nehmen möchte.'

Ihr Vater verließ das Zimmer und schloss die Tür hinter sich. Die Tochter saß immer noch auf dem Bettrand, enttäuscht und entsetzt. Für sie brach eine Welt zusammen, und sie wünschte sich in diesem Augenblick nichts sehnlicher als den Tod. Hätte ihr Bruder sie doch umgebracht, dann wäre ihr dies alles erspart geblieben! Ihr Vertrauen in ihren Bruder hatte endgültig einen Bruch erfahren, und das sollte sie für das künftige Leben prägen. Angst, Unsicherheit und Misstrauen wurden zu ihren permanenten Begleitern. Ihr Alltag, ihr Körper und ihre Seele, ihre eigenen vier Wände mitten in ihrer Familie—alles war nur noch Dunkelheit. Ungewissheit und Verachtung erfüllten ihr Zimmer und ihre Zukunft. Bald kam ihre Mutter mit dem jüngeren Bruder nach Hause. Die Mutter freute sich über die Wiederkehr der Tochter und bat sie, gleich zu erzählen. Von Ägypten und ihrer ältesten Tochter. Die Mutter schien von der ganzen Aktion des Bruders nichts zu wissen und war nur damit beschäftigt, der Tochter Ratschläge zu geben, wie sie sich jetzt in Deutschland benehmen sollte, andernfalls würden die Brüder sie wieder wegschicken. Die junge Frau zeigte die Fotos der Schwester und beklagte sich bitterlich über die Trennung, über Ägypten und dass sie erst jetzt von ihrer Halbschwester erfahren hatte.

Fortan besuchte sie weiter die Schule, lernte viel, war beliebt, aber verschüchtert und zurückhaltend. Überall beteiligte sie sich, machte alle Sportarten mit und hatte sehr gute Noten. Aber sie war isoliert. Sie durfte nicht an den Schulausflügen teilnehmen, durfte mit ihren Klassenkameraden nicht in die Stadt zum Bummeln, sie durfte nirgendwo hingehen, und vor allem sprach sie nicht mehr mit Jungen. In ihrem Zimmer, bei verschlossener Tür—und während die unterschiedlichen Stimmen aus der Familie in ihr Zimmer drangen—fühlte sie sich am sichersten. Wenn sie das Zimmer verlassen musste, horchte sie zuerst an der Tür, ob die Stimme ihres Bruders zu hören war. Wenn ja, blieb sie in ihrem Zimmer, wenn nicht, ging sie schnell ins Bad und kehrte ebenso schnell zurück. Sie hielt sich in der Nähe der Mutter oder des Vaters auf. Jedermann konnte es spüren: Irgendetwas war in dieser jungen Frau zerbrochen.

In ihrem engsten Familienkreis hatte sie die bittere Erfahrung machen müssen, dass Liebe und Hass sehr dicht beieinander liegen können. Sie hatte das Vertrauen in die Menschen verloren. Immer wieder sagte sie zu mir, und diese Sätze sind mir bis jetzt im Gedächtnis geblieben: 'Wer mich heute liebt, kann mich morgen hassen, daher möchte ich keine Liebe erfahren, von niemandem, denn ich fürchte ihren Hass mehr als ihre Liebe.'"

Abraham hielt nachdenklich inne.

"Das Mädchen muss in eine Psychotherapie", entgegnete ich ihm. "Warum hilfst du ihr nicht dabei?"

"Sie hat einige Therapiestunden hinter sich, was glaubst du, was ich tue? Sie sagt heute noch, der Riss, der ihre Seele entzweit hat, kann nicht mehr gekittet werden, sie habe das Wertvollste in ihrem Leben verloren: ihre Familie. Das Urvertrauen wurde ihr durch die eigene Familie genommen!

Nach dem Abitur wurde sie mit ihrem Cousin verheiratet und musste nach Kairo zurückkehren. Einerseits war sie erleichtert, vom Druck ihrer Brüder befreit zu sein, ihre Halbschwester wiederzusehen und vielleicht die Möglichkeit zu haben, sie häufiger zu besuchen. Andererseits war sie traurig darüber, ihre Mutter, ihre früheren Schulkameraden und Deutschland verlassen zu müssen.

In Ägypten musste sie bald darauf feststellen, dass ihr Cousin ihre Halbschwester nicht nach Mekka gebracht hatte und, was sie noch mehr schmerzte, die ihr so ans Herz Gewachsene mittlerweile aufgrund einer nicht behandelten Malariainfektion verstorben war, ohne dass jemand—weder sie noch ihre Mutter—davon benachrichtigt worden waren. Ihr größter Wunsch blieb auf immer unerfüllt. Niemand hatte ihn für wichtig erachtet.

Und wieder durchzog ein tiefer Schmerz das Herz der jungen Frau. Diesmal war es das nicht eingehaltene Versprechen ihres Mannes. Das konnte und wollte sie ihm nicht verzeihen. Es sollten noch weitere Risse und Enttäuschungen folgen, denen sie schier hilflos ausgeliefert war. Sie magerte wieder ab, war letztlich nur noch Haut und Knochen und entsprach damit auch nicht mehr dem Schönheitsideal arabischer Männer. Bei ihrer einzigen Schwangerschaft gebar sie zwei Töchter. Der Schock der Familie saß doppelt tief.

'Warum zwei Mädchen?', fragte der Schwiegervater. 'Wenn schon kein Sohn, dann hätte auch *eine* Tochter gereicht. Mir scheint, diese halbe Deutsche bringt uns kein Glück. Sie hat anscheinend alles Schlechte von ihrer palästinensischen Mutter und den Deutschen angenommen.'

Sie wurde danach, trotz aller Bemühungen, nie wieder schwanger.

Die negative Stimmung in der Familie gewann immer mehr an Einfluss, und ihre Schwiegereltern drängten immer wieder auf Scheidung und Wiederverheiratung ihres Sohnes mit einer sogenannten *normalen* Frau aus Ägypten, die ihnen Enkelsöhne schenken würde. Ihr Vater war von seinem Bruder, ihrem Schwiegervater, sehr enttäuscht, weil er seine Tochter einfach gegen eine fremde Frau eintauschen wollte und schickte seinen Sohn nach Ägypten, um sie nach Deutschland zu begleiten. Sie wollte aber auf keinen Fall ohne ihre beiden Töchter wieder zurück nach Europa. Es folgten lange Verhandlungen, aber eigentlich hatten die Schwiegereltern ohnehin kein großes Interesse, die Enkeltöchter bei sich zu behalten.

Einen Tag, bevor ihr Bruder nach Kairo fliegen sollte, starb er bei einem Autounfall. Er, dem immer Moral und Sitte so wichtig gewesen waren, hatte am Abend zu viel Alkohol getrunken, sich ans Steuer seines Wagens gesetzt und war mit hoher Geschwindigkeit auf der Autobahn gegen die Leitplanke geprallt. So traurig es klingen mag: sie fühlte sich irgendwie erleichtert, erzählte sie mir später. Ihre Eltern hingegen konnten die Trauer um den verstorbenen Familienerben und ihren Hauptemährer nicht verwinden. Vor allem die Mutter litt sehr und starb kaum drei Monate später. Nun war die Tochter als einzige weibliche Person in der Familie für den Haushalt verantwortlich. Ja, sie hatte sich über ihre Mutter geärgert, weil diese sich nicht gegen den Vater und später gegen die Söhne gewehrt hatte. Diese hatte ihre älteste Tochter in Ägypten im Stich gelassen und sie auch nicht vor dem Vater und den Brüdern beschützt. Ja, von ihrer Mutter war sie kurz nach deren Tod zutiefst enttäuscht. Später erst sollte sie begreifen, wie hilflos die Frauen den Männern ausgeliefert waren. Ja, und rückblickend sah sie dann auch sehr klar, wie stark ihr Vater in seiner Tradition gefangen war. Er wollte eine Tochter, deren Vater er nicht war, nicht in seinem Hause haben—ohne Rücksicht auf die Gefühle seiner Frau.

Nach all diesen Vorkommnissen alterte ihr Vater sehr schnell. In kürzester Zeit war aus ihm ein gebrochener Mann geworden, er wurde immer schwächer und verlor seinen Lebenswillen. Damit einher ging jedoch auch, dass er zunehmend milde und großzügig wurde und sich auch an ihren beiden kleinen Töchtern erfreute, obwohl den Enkelsöhnen noch immer seine größere Zuwendung und Aufmerksamkeit galt. Der Verlust des Sohnes hatte ihn innerlich zerbrochen. Er ging nicht mehr auf die Straße, bewegte sich hauptsächlich in Haus und Garten. Und der zweite Bruder kümmerte sich auch kaum um den Vater, für ihn war die eigene Familie wichtiger, seine deutsche Frau und die gemeinsamen Söhne.

'Viele Probleme lösen sich mit der Zeit von alleine', sagte der Vater immer zu ihr. Sie solle sich nicht alles so sehr zu Herzen nehmen. Sie müsse sich auch damit abfinden, dass sie den Rest ihres Lebens allein bleiben werde. Er müsse sie leider bald verlassen, er sei alt, schwach und krank. Deutsche Männer würden keine Ausländerin mit zwei Kindern heiraten, und erst recht würde dies kein Araber tun.

Sie dachte aber auch gar nicht an eine erneute Hochzeit und hatte weder Zeit noch Gelegenheit, einen Mann kennenzulernen. Sie nahm das Leben ernst und war stets neugierig auf alles Kommende. 'Wer nicht neugierig ist, ist tot', lautete ihr Motto. Und dann erlaubte ihr der alte Vater auf Nachfrage sogar, ein Studium zu beginnen. Also studierte sie, pflegte ihren kranken Vater und kümmerte sich um ihre schulreifen Töchter.

Vor einigen Wochen dann ist der Vater im Krankenhaus gestorben. An jenem Tag, als du sie in Begleitung ihres zweiten Bruders gesehen hast."

❦

Das Komplott und seine Folgen

Mein Kollege starrte in den Raum, still und ergriffen nahm er einen Schluck Wasser zu sich und fuhr fort: “Ihr jüngerer Bruder wollte sie vergiften. Er sah, wie sie auf dem Marktplatz von einem Mann begrüßt wurde, mit einer Umarmung und Wangenküssen. Dann legte der Mann auch noch seinen Arm um sie, und sie hatte ihn nicht abgewehrt. Daraufhin war ihr Bruder überzeugt, dass sie ein Verhältnis mit ihm hatte und ihr einfach nicht geglaubt, dass der andere lediglich ein Kommilitone war, der sie wegen des Todes ihres Vaters getröstet hatte.

Jetzt liegt sie im Krankenhaus, ihre Töchter sollen zum Vater nach Ägypten geschickt werden, ohne Zustimmung der Mutter, geschweige denn, ohne die Kinder zu fragen, die bestimmt lieber bei ihrer Mutter bleiben wollen. Ihr Bruder führt etwas im Schilde, dessen bin ich mir sicher. Den Ärzten hat sie erzählt, dass sie sich das Leben nehmen wollte, weil der Vater gestorben war. Die Ärzte glaubten es und diagnostizierten eine Depression, in deren Folge sie einen Suizidversuch unternommen habe. Ich sprach mit ihr, ich kenne die Wahrheit und weiß nicht, wie ich mich verhalten soll. Sie verbietet mir, zur Polizei zu gehen und die Wahrheit zu sagen und beruft sich auf meine ärztliche Schweigepflicht. Sage ich aber nichts, weiß ich, dass ihr Bruder es noch einmal versuchen wird. Diesmal hat sie noch Glück gehabt, weil eine Studienkollegin sie zu Hause besuchte, kurz nachdem der Bruder ihr die Schlaftabletten verabreicht hatte und anschließend gegangen war, um ein Alibi vorweisen zu können. Sie konnte der Freundin gerade noch die Tür öffnen und brach dann zusammen. Der Notarztwagen brachte sie sofort in die Klinik, und hier lag sie nun auf der Intensivstation. Was kann ich tun? Was muss ich tun?” fragte er sich und mich, laut und verzweifelt.

“Ich kann dir nur empfehlen, alles der Polizei mitzuteilen”, antwortete ich, ohne viel oder lange nachzudenken.

“Könntest du vielleicht morgen bei der Ärztekammer anrufen und dich erkundigen? Ich will doch nicht, dass ich mit ihr in Verbindung gebracht werde. Keiner außer dir weiß, dass sie meine Patientin ist.”

Ja, das wollte ich selbstverständlich für ihn tun. Morgen, so schnell wie möglich. Und mich dann wieder bei ihm melden. Wortlos verabschiedeten wir uns und gingen getrennt zu unseren Autos.

Die folgende Nacht verbrachte ich schlaflos. Verließ das Bett, wanderte in die Küche, ins Wohnzimmer, von dort ins Arbeitszimmer und wieder zurück, gedankenverwirrt. Dies alles geschieht mitten unter uns, mitten in Deutschland. Und wir wissen nichts davon. Erschreckend! In einem konservativen arabischen Dorf war dies für mich vorstellbar. Aber hier? Am nächsten Morgen wollte ich zu meiner Praxis fahren und bemerkte gar nicht, dass ich die Richtung änderte. Wie einer Intuition folgend, hielt ich vor dem Krankenhaus und beschloss, die junge Frau zu besuchen. Der Stationsarzt war freundlich, ich stellte mich vor, wir sprachen kurz miteinander, und dann ging ich zu ihr. Mein Herz klopfte so stark, dass ich den Puls in meinem Hals spürte, meine Knie zitterten, und ich konnte keinen klaren Gedanken fassen. Ich wollte auf keinen Fall jemandem aus ihrer Familie begegnen.

Warum bin ich eigentlich hier? Was tue ich hier?, fragte ich mich. Und wusste: Sie erlebte jetzt das, was ich teilweise selbst erlebt hatte. Ist es das, was uns beide unbewusst verbindet? Wie kann es sein, dass so Vieles sich im Leben wiederholt, und warum erlebe ausgerechnet ich dies noch einmal? Wie dem auch sei, es gab jetzt kein Zurück mehr, denn schon stand ich vor ihrem Zimmer, der Arzt öffnete die Tür und bat mich hinein. Da stand ich nun, wie ein unreifes Schulmädchen. Zum Glück wurde der Kollege zu einem anderen Patienten gerufen, so dass ich allein mit ihr im Zimmer zurückblieb.

Da lag sie, wurde künstlich beatmet, schlief friedlich und bemerkte nicht, wer an ihrem Bett stand. Meine anfänglichen Sorgen, was ich ihr sagen sollte, wer ich war und vor allem, warum ich hier war, verflogen bei ihrem Anblick. So, wie sie da lag, sah sie auch im Schlaf wunderschön aus.

Ohne Kenntnis der näheren Umstände mochte man sie für eine reiche, verwöhnte, selbstbewusste junge Frau halten. Nichts davon traf in Wahrheit zu. Ich stand vor ihrem Bett und ließ alle Erzählungen über sie und ihr Leben in meinem Kopf Revue passieren. Was für ein Leben für einen so jungen Menschen! Was können wir tun, um solche Irrwege zu vermeiden und junge Frauen zu schützen?, schoss es mir durch den Kopf, und als ich noch so gedankenverloren an ihrem Bett stand, öffnete sich die Zimmertür. Zwei hübsche Mädchen traten ein, begleitet von einem gutaussehenden Mann. Dank meiner Vorkenntnisse konnte ich sie sofort einordnen und verhielt mich spontan so, als gehörte ich zum behandelnden Ärzteteam. Ich nahm das Krankenblatt in die Hand und tat so, als ob ich mich informierte, legte die Akte wieder zurück, schaute die Ankommenden an, grüßte freundlich und sagte, während ich in Richtung Tür ging: "Wenn Sie Fragen haben, wenden Sie sich bitte an meinen Kollegen, er ist im Stationszimmer zu finden."

Draußen musste ich erst einmal tief Luft holen, denn ihr Kommen hatte mich doch insofern überrascht, als dass die Kinder eigentlich um diese Zeit in der Schule sein sollten. Ob ihr Onkel womöglich schon alles für die Rückkehr nach Ägypten veranlasst hatte und sie heute hier waren, um sich von ihrer Mutter zu verabschieden? Aber sie durften ihr doch nicht die Kinder wegnehmen! Sie liegt hilflos im Krankenbett und kann sich nicht wehren. Und die Kleinen wissen auch nicht, was ihr Onkel mit ihnen vorhat. Mir fielen ähnliche Situationen aus meinem eigenen Leben ein, als mir mein geschiedener Mann meine Töchter wegnehmen wollte, ich sie für kurze Zeit in den Irak schickte und bei meinem Bruder versteckte. Eines wusste ich ganz klar: Ich war jetzt Mitwisserin und musste etwas unternehmen!

Also fuhr ich zuerst zur Ärztekammer. Danach zurück in die Praxis. Als ich, noch in Gedanken versunken, die Türschwelle betrat, traute ich meinen Augen kaum, als ich an der Anmeldung meinen Kollegen Abraham sitzen sah. Im Schneckentempo ging ich auf ihn zu. Er wartete auf mich.

“Woher kommst du um diese Zeit, was ist los?” Ich malte mir alle möglichen Vorfälle aus und wartete nur, dass er mir sagte, sie sei gestorben, vielleicht kurz nachdem ich das Zimmer verlassen hatte. Vielleicht hatte ihr Bruder die Beatmungsmaschine manipuliert, vielleicht hatte er auch nur die Kinder mitgebracht, quasi als Alibi. Mein Wartezimmer war voller Patienten, und ich hatte alle Termine durcheinander gebracht. Mein Personal war verständlicherweise verärgert und wollte nicht, dass ich mich nun auch noch lange mit dem Kollegen unterhielt. Aber ganz kurz nur, bat ich. Ich musste es wissen. Die Sprechstundenhilfe brachte uns Kaffee und erinnerte mich an die wartenden Patienten. Gut, ganz schnell. Ich schloss die Tür hinter ihr.

“Abraham, was ist los? Der Bruder will Deutschland verlassen, für immer zurück nach Ägypten gehen. Was ist mit den beiden kleinen Mädchen? Ich habe sie übrigens heute Morgen gesehen.”

“Wie bitte? Wo? Sie werden mit ihren Onkels zurückfahren.”

“Das kannst du nicht zulassen. Du musst deiner Patientin helfen, und du kannst am besten mit ihnen reden. Du bist ein Mann und ein Araber, wirst akzeptiert, sprichst ihre Sprache und kennst ihre Umgangsformen. Du musst es verhindern!”

Meine Helferin kam mit einem leicht mahnenden Blick zurück, und noch bevor sie ein Wort sagen konnte, stand ich auf und ging in Richtung Tür. “Wir sehen uns heute Abend. Bis dahin hast du alles besprochen.” Mit diesen Worten verabschiedete ich meinen Besucher und widmete mich den wartenden Patienten. Um die Verspätung aufzuholen, arbeitete ich so schnell, wie ich konnte. Zugegeben, an diesem Tag war ich ziemlich hektisch und nervös.

“Ja, unerträglich sind Sie heute”, sagte meine Helferin mehrmals zu mir. Recht hatte sie.

❧

Zuhause bei Abraham

"Um zur Wahrheit zu gelangen, muss man sich einmal im Leben entschließen, alles zu bezweifeln—soweit dies möglich ist."
René Descartes, französischer Philosoph (1596-1650)

AM ABEND, NACH PRAXISSCHLUSS, machte ich mich auf den Weg zu Abraham, ohne ihn, wie eigentlich verabredet, vorher anzurufen. Ich war ungeduldig und machte mir keine Gedanken über Etikette und Höflichkeiten. An seinem Haus war die Praxistür verschlossen, und auch auf mehrmaliges Läuten öffnete niemand. So ging ich zu seinem Privateingang und klingelte. Ein etwa vierzehnjähriger Junge öffnete die Tür, begrüßte mich freundlich und fragte nach meinem Begehr. Der Junge konnte mich nicht kennen.

"Ich möchte gern deinen Vater sprechen", antwortete ich mit ruhiger Stimme, obwohl ich mich wunderte, wieso der Vater ein Kind abends an die Tür gehen ließ. Ich hatte meinen Kindern stets untersagt, Fremden zu öffnen. "Ich bin eine Kollegin deines Vaters, du bist doch sein Sohn?"

"Ja, das bin ich, bitte treten Sie ein. Sie müssen nicht draußen stehen bleiben. Mein Vater ist gerade im Bad", sagte er und fügte mit einem lausbübischen Lächeln hinzu: "Er hat heute Ausgang".

"Papa!", tönte es dann laut: "Du hast Besuch!" Und zu mir gewandt: "Kommen Sie doch rein, und nehmen hier im Wohnzimmer Platz."

Ich folgte verunsichert, er schloss die Tür und ging mir voraus ins Wohnzimmer. Ein gemütliches Ambiente, voller Möbel und allerlei arabischen Gegenständen. Auf dem Boden lag noch ein kleiner Gebetsteppich, auf dem Tisch der Koran, daneben ein Karten- und ein Schachspiel. Ich merkte unweigerlich, wie ich mich verändert hatte. Sowohl im Denken wie auch in meiner gesamten Lebenseinstellung. Ich bewegte mich permanent zwischen beiden Kulturen. Er hingegen war, zumindest hier in seinem ganz privaten Raum, der Araber geblieben.

"Was kann ich Ihnen anbieten? Was möchten Sie trinken? Tee, Wasser oder Cola?"

"Nein, danke, ich möchte nichts trinken, ich möchte nur deinen Papa abholen, wir gehen gemeinsam essen."

"Also mit Ihnen ist Papa heute verabredet? Meine Oma und ich haben nämlich schon so einen Verdacht gehabt, denn in letzter Zeit war er häufiger abends aus. Tja, einen guten Geschmack hat Papa ja", schloss er seine Anmerkungen und schien sichtlich erleichtert.

"Dein Vater war mit mir die letzte Zeit oft zusammen. Wir hatten und haben immer noch vieles zu besprechen, vor allem dienstlich, verstehst du?"

Er nickte, und ich wunderte mich, vor allem, was seine Großmutter betraf. Wieso war sie hier? Dass seine Frau tot war, hatte Abraham einmal erwähnt. Über seine Mutter hingegen fiel nie ein Wort. Ich musste ihn danach fragen. Es ist alles ziemlich verworren bei arabischen Männern. Man durchschaut sie nicht. Sie reden nur das Nötigste. Klagen nicht. Erklären von sich aus nichts. Planen auch nichts. Sie leben einfach im Hier und Jetzt, und man weiß einfach nichts über sie. Kein Wunder, wenn vieles bei ihnen ungeordnet und zufällig verläuft.

Seit wann hatte er einen Gebetsteppich? Er betete, soviel ich wusste, nicht. Ein liebenswerter Kauz.

Mein Kollege betrat das Wohnzimmer mit überraschtem Gesichtsausdruck: "Ich habe auf deinen Anruf gewartet. Du bist mir vielleicht eine! Wir wollten uns doch woanders treffen! Wie kommst du auf die Idee, hierher zu kommen? Das ist doch gar nicht die arabische oder deutsche Art."

Da hatte er zweifellos Recht. Keine Frau wagte es, ohne Einladung einen Kollegen in seinem Privathaus zu besuchen. Und an diesem Punkt verunsicherte mich auch mein eigenes Verhalten. Wer bin ich?, fragte ich mich. Wo gehöre ich hin? Deutsche organisieren alles, planen Verabredungen Wochen oder Monate vorher, telefonieren, terminieren. Araber sind da eher spontan.

“Bist du krank?”, drang seine Stimme durch meinen Gedankenvorhang.

“Jetzt hör auf mich zu belächeln, es tut mir Leid, vorher nicht angerufen zu haben, und…”

Er unterbrach mich: “Nein, das geht schon in Ordnung. An dir ist eben ein Mann verloren gegangen. Wie hat es dein Vater immer formuliert: Du bist sein jüngster Sohn! Na, da ist doch wohl was hängen geblieben!” Er lachte und ging mir voraus in die Küche. “Mein Sohn und ich werden dir einen richtigen arabischen Kaffee kochen. Wenn ich gewusst hätte, dass du zu mir nach Hause kommst, hätte meine Mutter uns auch etwas Gutes kochen können. Das beste arabische Essen gibt es nämlich bei meiner Mutter!”

So hatte ich Abraham überhaupt noch nicht erlebt: angenehm selbstsicher, leichtfüßig, witzig und entspannt. Zugegeben, es irritierte mich ein wenig. “Du bist heute ganz anders. Und was ist mit deiner Mutter? Ich höre heute das erste Mal, dass sie hier bei dir wohnt.”

“Ja, das ist eine lange Geschichte. Meine Mutter ist seit vielen Jahren hier. Und seit sie hier ist”, ergänzte er mit einem leichten Schmunzeln, “haben wir alle zugenommen, nicht zuletzt dank ihres köstlichen Essens!”

“Ich habe sie niemals gesehen. Versteckst du deine Frauen vor mir?”

Bei dieser Frage wechselte Abrahams Gesichtsausdruck schlagartig, und er schaute sofort in Richtung seines Sohnes, der damit beschäftigt war, den Tisch zu decken. “Mein Sohn, ich mache hier weiter, du kannst zu Oma gehen, vielleicht möchte sie zu uns kommen. Sag ihr, wir haben einen Gast.”

Er streichelte ihm über den Kopf, schob das Kind hinaus und wendete sich wieder mir zu. “Entschuldige bitte, aber ich wollte nicht, dass der Junge wieder weint. Wenn du nach meinen Frauen fragst, wird er an seine Mutter erinnert, und dann weint er heute noch. Er war sechs Jahre alt, als seine Mutter an Brustkrebs starb. Das war dann auch der Anlass, meine Mutter zu uns zu holen, denn wir brauchten jemanden, der sich um uns kümmert, um die Kinder und mich. Jemand Fremdes wollte ich nicht für die Kinder, aber auch keine Stiefmutter. Das war dann so die beste Lösung für uns, auch für meine Mutter. Nach dem Tod meines Vaters war sie allein. Es ist zwar schwer für sie, hier zu sein, auch und vor allem wegen der Sprache, denn sie kann sich mit niemandem außer uns unterhalten. Aber dafür hat sie uns um sich und eine bessere Gesundheitsversorgung als zu Hause bei sich. Meine Kinder haben von ihr Arabisch gelernt, sie sprechen die Sprache jetzt schon sehr gut."

Bei seinen Worten gingen mir so manche Bemerkungen, die einige deutsche Kollegen und auch ich über Abraham hatten fallen lassen, durch den Kopf. Auch das, was man über seine Frau und seine Töchter gesagt hatte. Der Gebetsteppich gehörte sicherlich seiner Mutter, dachte ich und hatte plötzlich das Gefühl, ihm etwas schuldig zu sein.

"Es tut mir leid, ich wusste nichts davon. Es ist beschämend, wir kennen uns nun schon seit einigen Jahren, und doch wissen wir nichts von dir, deinen Sorgen und Ängsten, nichts über dein Leben. Wie oft haben wir unqualifizierte Bemerkungen gemacht, aus Unwissenheit und Desinteresse, anstatt dich genauer kennen zu lernen. Dafür möchte ich dich um Entschuldigung bitten. Wir hier in Deutschland reden groß von Integration und Anpassung und sind selbst nicht in der Lage, die Menschen, die zu uns kommen, in unserer Mitte aufzunehmen und zu versuchen, sie zu verstehen. Ich habe dich falsch eingeschätzt, es tut mir Leid."

Abraham kam auf mich zu und legte seinen Arm um meine Schulter: "Ich danke dir für diese Worte, du glaubst nicht, wie wichtig das für mich und uns ist. Ich weiß, dass du auch deine Probleme im Leben hast, aber so manches Mal habe ich mich über dich geärgert, weil du oft deutscher als die Deutschen warst und mich kritisiert hast. Es ist wichtig für jeden Ausländer, im neuen Land Menschen zu treffen. Menschen, die uns mit Herz und Seele aufnehmen, uns auf Augenhöhe respektieren und behandeln. Es gibt uns das Gefühl von Sicherheit und Heimat. Komm, jetzt lass uns unseren Kaffee trinken und dann gehen, denn hier möchte ich das andere Thema nicht besprechen. Dafür braucht es eine baldige Lösung!"

In diesem Augenblick betrat eine ältere Dame die Küche, begrüßte mich mit festem Handschlag und fragte mich auf Arabisch, ob sie für uns kochen sollte. Dann nahm sie eine Packung Süßigkeiten aus der Schublade, öffnete sie und bat mich, zu kosten: "Diese Süßigkeiten sind gestern aus Ägypten gebracht worden, ganz frisch, probieren Sie doch." Ich vermochte ihr nichts abzuschlagen, nahm ein Stück und kostete. Es zerfiel regelrecht auf der Zunge.

"So gutes Gebäck habe ich seit langem nicht gegessen, nicht einmal in deinem Geschäft", sagte ich zu meinem Kollegen in der Hoffnung, seine Mutter würde mir noch ein weiteres Stück anbieten, was sie auch tat. Ich konnte mich gar nicht satt essen, griff in die Kiste und schob die Stücke gierig in meinen Mund.

"Langsam, nicht so hastig", gebot mir Abraham mit freundlich-bestimmendem Ton Einhalt, drehte sich zu seiner Mutter und erbat von ihr schlichtweg die zweite Kiste als Geschenk für mich.

So war er eben. Ein arabischer Gentleman, vom Kopf bis zu den Füßen. Während seine Mutter die Schublade öffnete und dabei das Haupt leicht senkte, fiel ihr aus dem seidenen Kopftuch eine kleine schwarze Locke ins Gesicht. Schnell schob sie sie mit der einen Hand unter ihr Kopftuch, während sie mir mit der anderen die zweite Kiste überreichte. Sie hatte immer noch hübsche Gesichtszüge und musste in ihrer Jugend eine sehr schöne Frau gewesen sein. Zu ihrem bodenlangen schwarzen Kleid trug sie eine leichte Strickweste. Ich sah in ihr meine Mutter vor mir stehen, wollte sie so gern umarmen, traute mich dann aber doch nicht und erwiderte nur: "Vielen Dank, das nehme ich gern mit."

Wir verabschiedeten uns von ihr und Abrahams Sohn, der, auf Rufen des Vaters herbeigeeilt. "Prima, ich freue mich auf unser Wiedersehen!"

Sein Vater konnte sich ein spitzbübisches "Nur keine Drohung bitte, du willst wiederkommen?" nicht verkneifen und schob mich mit diesen Worten Richtung Wohnungstür.

Dieser Frau muss geholfen werden

Wir fuhren mit meinem Wagen zu einem nahe gelegenen Restaurant, bestellten und saßen für einige Augenblicke einfach nur schweigend da. Keiner wusste, womit wir unser Gespräch beginnen sollten. Abraham holte eine Packung Zigaretten aus der Tasche, zückte sein goldenes Feuerzeug und schaute lange in die Flamme, bevor er die Zigarette anzündete.

"Ein schönes Feuerzeug hast du da!", bemerkte ich mit unverhohlener Bewunderung.

"Ja, ein Geschenk meiner Frau", erwiderte er, und seine Stimme klang melancholisch. Sekundenlanges Schweigen. Dann strafften sich seine Gesichtszüge wieder. "Was hast du bei der Ärztekammer erreicht?", fragte er mich, das Thema wechselnd.

"Sie haben gesagt, der Arzt sei verpflichtet, der Polizei Mitteilung zu machen, wenn es um Mord geht oder eine berechtigte Lebensgefahr besteht. Also, morgen musst du es melden."

"Aber was soll das für einen Zweck haben? Im Augenblick ist sie im Krankenhaus, ist gut versorgt und noch nicht bei Bewusstsein, so dass ich nicht vorher mit ihr reden kann."

"Du kannst nicht riskieren, dass ihr Bruder sie im Krankenhaus umbringt, fähig dazu ist er. Du machst dich mitschuldig."

"Mit dem Bruder habe ich heute Mittag gesprochen, er war im Restaurant, er fährt zurück nach Ägypten, definitiv."

"Aber was ist mit ihren Kindern? Du kannst sie nicht mit dieser Familie ziehen lassen, ihre Mutter liegt im Koma."

"Die Kinder werde ich zu mir nehmen. Wir sprechen Arabisch, es sind Kinder im Hause, und meine Mutter ist ja auch noch da. Sie kümmert sich bestimmt auch gern um sie. Ob zwei Kinder mehr oder weniger, das spielt keine Rolle. Ich bringe die Kinder in die Schule und hole sie auch ab, meine Mutter kocht sowieso jeden Tag. Wenn die Mutter der Mädchen wieder erwacht, wird sie schneller gesund und sich bestimmt freuen, ihre Kinder behalten zu haben. Hier bei meiner Familie haben es die Kinder mit Sicherheit besser als bei ihrer leiblichen Familie."

Ich bewunderte meinen Freund Abraham für seinen Einsatz, denn eigentlich waren diese Kinder für ihn ja fremde Kinder. Kein Mensch erwartete oder verlangte von ihm ein derartiges Engagement, aber er tat es—freiwillig und gern, ohne Berechnung oder Zögern.

"Dann würde ich dir raten, mit den Kollegen im Krankenhaus zu reden, um zu verhindern, dass der Bruder sie besucht, damit ihr Leben vor ihm geschützt wird. Komm, lass uns jetzt ins Krankenhaus fahren."

Wir aßen schnell, ließen den Wein stehen, zahlten und fuhren zur Klinik. Dort ließen wir den diensthabenden Arzt kommen, und Abraham erzählte ihm alles. Der junge Kollege war überfordert und rief seinen Oberarzt. Auch der wurde eingeweiht, und dann saßen wir zu viert in einem kleinen Arztzimmer, überlegten und suchten krampfhaft nach einer Lösung.

"Wir rufen jetzt die Polizei an, der Bruder muss umgehend verhaftet werden. Wir verbieten dem Bruder das Betreten der Station. Wir benachrichtigen das Jugendamt, das nimmt ihnen die Kinder weg." Die unterschiedlichsten Vorschläge blieben ohne Einigung.

Dann hatte der Oberarzt plötzlich eine Idee, der wir alle vorbehaltlos zustimmen konnten: Die Patientin sollte sofort auf die Intensivstation gebracht werden, da dort der Zutritt für Besucher verboten war. So konnte man den Bruder wenigstens bis auf weiteres von ihr fernhalten. Gesagt, getan. Wir warteten, bis alles erledigt war, warfen noch einmal einen Blick auf die friedlich schlafende Frau und verabschiedeten uns.

Vor Abrahams Haustür angekommen, stieg ich aus und musste ihn, einer spontanen Eingebung folgend, in den Arm nehmen. Ich wünschte ihm eine gute Nacht und spürte das erste Mal für ihn ein Gefühl von Respekt. Gleichzeitig schämte ich mich dafür, ihn so lange nicht anerkannt zu haben. Dieser für mich ungewohnt emotionale Ausbruch versetzte mich selber in Staunen. Langsam fuhr ich nach Hause.

Die Bilder meiner schlafenden Kinder im Flüchtlingslager in Gaza, als ich sie verließ, erschienen plötzlich vor meinen Augen. Warum, wusste ich nicht. Meine Kinder machten mir später oft Vorwürfe, meinten, ich übertriebe. Sie konnten es sich nicht vorstellen, dass die Männer im arabischen Raum über die Frauen bestimmten. Und jetzt hier in Deutschland war es genauso.

Ich fühlte mit dieser jungen Frau dort im Krankenhaus, sie verkörperte auch mich. Ich spiegelte mich in ihr wider. Sie lag da, völlig allein. Niemand, außer ihrem Arzt und dem Pflegepersonal kümmerte sich um sie, machte sich Gedanken und Sorgen um sie. Ihr fehlte jegliche Wärme und Geborgenheit. Sie lebte hier unter uns, aber ohne Umarmung, ohne Wärme oder emotionale Sicherheit.

Am nächsten Tag telefonierte ich dann von meiner Praxis aus doch mit der Polizei und ließ mich beraten, allerdings, ohne irgendeinen Namen zu nennen. Das Ergebnis des Gespräches teilte ich Abraham mit. Er wollte sich abends mit dem Bruder treffen. Ich rief im Krankenhaus an und erfuhr von dem betreuenden Kollegen, dass sie auf dem Weg war, das Beatmungsgerät nicht mehr zu brauchen und langsam wieder zur eigenen Spontanatmung gelangte.

❧

In der Not erwächst auch Trost

Es dauerte eine Woche, bis die junge Frau wieder völlig selbstständig atmen konnte. Abraham und ich besuchten sie regelmäßig jeden Tag nach Praxisschluss. Wir trafen uns immer um die gleiche Zeit vor der Klinik und gingen gemeinsam hinein und hinaus. Danach tranken wir fast immer in einer nahe der Klinik gelegenen Kneipe ein frisch gezapftes Bier und fuhren nach Hause. Ich nahm mir fest vor, alles zu tun, um dieser Frau ein freies, sicheres Leben zu ermöglichen. Der Trick mit der Intensivstation hatte Erfolg. Der Bruder durfte nicht zu ihr. Sie war wach und fragte nach ihren Kindern. Sie wollte sie sehen. Wir überlegten, was zu tun sei.

Es gab mehrere Probleme. Wir waren außerstande, auch nur eines von ihnen zu lösen. Am neunten Tag nach ihrer stationären Aufnahme erreichte der Bruder mit seinen Kindern ohne seine Frau Ägypten. Abraham und ich hatten den Verdacht, dass er sich mit seinen Söhnen abgesetzt hatte. Seine Frau blieb mit den Kindern seiner Schwester noch in Deutschland.

Ich fragte Abraham: "Wie kann ich mir sein Verhalten erklären? Warum lässt er seine Frau noch hier? Sie ist Deutsche. Gut, ich könnte mir vorstellen, sie will nicht nach Ägypten. Aber ihre Kinder sind doch nun nicht mehr da. Er hat sich bestimmt aus dem Staub gemacht, hat kalte Füße bekommen!"

"Er ist sich seiner Schwester nicht sicher. Wo sie jetzt wach ist, erzählt sie womöglich der Polizei die wahre Geschichte."

"Ich kann mir gut vorstellen, dass seine Frau ihm nachfolgen wird. Es soll alles nur möglichst unauffällig ablaufen, er und seine Kinder haben sich zuerst in Sicherheit gebracht. Nur, was die Mädchen betrifft, weiß ich nicht, was sie sich dabei gedacht haben. Eigentlich ist es für einen Araber üblich, dass er seine weiblichen Familienmitglieder beschützt—gerade bei diesem angeblich religiösen und traditionsbewussten Bruder. Aber diese Menschen gibt es in jeder Gesellschaft, unabhängig von Religion oder Herkunft; Menschen, die alles so auslegen, wie sie es persönlich gern brauchen."

"Schau, meine Kinder sind hier geboren, sind durch und durch Deutsche, und trotzdem werden sie von ihrer Umgebung immer wieder als Ausländer angesehen und auch so behandelt. Ich merke ihnen an: Je älter sie werden, desto mehr besinnen sie sich auf ihre ursprüngliche Kultur, auch wenn sie sie gar nicht kennen. In ihrer Vorstellung wird sie dann zur Pseudokultur! Ein teuflischer Kreislauf. Wenn ich in einem arabischen Land weile, verstehe ich die Menschen und sie mich, mit kleinen Gesten, mit einem Wort oder einer Handbewegung. Es ist mir alles so nah, einfach zu durchschauen und zu verstehen. Und dennoch sehne mich bald wieder nach Deutschland. Dort ist alles berechenbarer, zuverlässiger—und doch auch wieder fremd. So geht es mir. In keinem der beiden Länder fühle ich mich wirklich heimisch. Meinen Kindern geht das genauso, obwohl sie doch in Deutschland geboren und aufgewachsen sind."

Ich musste ihm, was meine Gedanken und meine Alltagserfahrung betraf, Recht geben. Mir ging es nicht anders, auch wenn ich es gern anders gehabt hätte und daran glauben mochte.

"Vielleicht wartet seine Frau, bis sie aus dem Krankenhaus entlassen wird und übergibt ihr dann die Kinder", dachte ich laut.

Für eine Weile herrschte Schweigen.

"Ich habe eine Idee", sagte Abraham, und Hoffnung schwang in seiner Stimme. "Ich werde die Frau besuchen und sie fragen, ob die kleinen Mädchen mit uns nach Südfrankreich fahren dürfen. Ich kann mir gut vorstellen, dass sie froh ist, sich nicht um die Kinder kümmern zu müssen. Und für die Kleinen wäre es auch besser, denn sowohl Kinder als auch Mutter sind zermürbt von diesem Hin und Her und den erlittenen Todesängsten. Wir mieten uns jedes Jahr ein Haus in Südfrankreich, ganz in der der Nähe von Grasse, und verbringen dort drei Wochen Urlaub. Es ist eine wunderschöne Gegend, wir gehen viel spazieren und machen zahlreiche Ausflüge in die wunderschöne Umgebung. Im Garten ist auch ein kleiner Swimmingpool, die Kinder sind immer begeistert, dort zu sein. Vergangenes Jahr war es richtig schön. Wir waren im Künstler-Dorf Saint-Paul-de-Vence und haben ein Glaskunst-Museum in der Nähe besucht. Nach dem Urlaub entscheiden wir von Neuem. Die Mutter wird auch schneller gesund, wenn sie weiß, dass die Kinder bei mir sind. Ihr Bruder weiß übrigens nicht, dass ich über die gesamte Geschichte informiert bin. Du darfst auch niemandem etwas erzählen, aber wem erzähle ich da etwas über die Schweigepflicht…?"

Selbstverständlich. Wir beide wussten um unsere Verantwortung. "Das ist tatsächlich ein guter Vorschlag, und dafür gebührt dir meine ganze Hochachtung!", entgegnete ich. "Sollen wir kurz zur ihr ins Krankenhaus fahren? Dann kannst du ihr alles erzählen. Wann fährst du eigentlich in den Urlaub?"

"Nächste Woche, die Schulferien haben ja heute begonnen, weißt du das nicht?"

"Richtig", sagte ich, "ich habe ja auch mit Freunden eine Urlaubsreise gebucht. Für sieben Tage, das war schon nächste Woche. Wir wollen nach Malente in Schleswig-Holstein auf einen Reiterhof. Offengestanden ist mir der Süden ja lieber, da ist einem, schönes Wetter sicher. Im Norden regnet es oft, und wenn wir Pech haben, wird es wieder die ganze Zeit regnen. Voriges Mal sagte einer der Freunde zu mir: 'Was ist dein Problem? Es hat in der einen Woche, in der wir dort waren nur einmal geregnet—und das acht Tage lang! Das ist Holstein.'"

❦

Entscheidung

Wir trafen uns am Eingang des Krankenhauses, sprachen kurz mit dem Stationsarzt und gingen dann zu ihr. Abraham voran und ich in seinem Schatten. Es war unsere erste Begegnung mit ihr im Wachzustand. Sie sah sehr mitgenommen aus, konnte die Augen kaum geöffnet halten, atmete schwer und sprach leise.

“Du siehst gut aus”, log mein Kollege. “Bald bist du hier raus. Dann werden wir dich zum Essen einladen oder du bekochst uns”, versuchte er sie zu ermuntern und drehte den Kopf zu mir. “Darf ich dir meine Kollegin vorstellen? Wir waren ganz in der Nähe in einem Restaurant und dachten, bevor wir nach Hause fahren, schauen wir nach dir.”

Sie guckte kurz in meine Richtung, dann schloss sie ihre Augen und sagte mit schwacher Stimme: “Danke, hast du etwas von meinen Kindern gehört? Ich würde sie gern sehen, könntest du das organisieren? Aber bitte ohne meinen Bruder.”

“Ich versuche es. Dein Bruder ist übrigens momentan in Ägypten, wird aber demnächst nach Bagdad weiterreisen. Er hat dort eine Leitungsposition in einer Firma erhalten, die der Saddam-Hussein-Familie gehört. Den Eigentümer hat er kürzlich erst in Deutschland kennengelernt.”

Sie atmete tief und erleichtert ein. “Gut, gut, und meine Kinder?”

“Sie sind hier bei deiner Schwägerin. Ich fahre nächste Woche mit meiner Familie nach Südfrankreich. Wärest du damit einverstanden, dass deine Töchter mit uns fahren? Wir bleiben drei Wochen.”

Offenbar war sie von diesem Angebot sehr überrascht, öffnete weit ihre Augen und erwiderte in einem Ton der hörbaren Erleichterung: “Ja, gern, bitte nimm sie mit”. Mit diesen Worten schloss sie ihre Augen, tat noch einige tiefe Atemzüge schlief wieder ein.

Ganz leise verließen wir ihr Zimmer.

Auf dem Parkplatz sagte Abraham: "Jetzt kommt der unangenehme Teil, der Besuch bei ihrer Schwägerin."

"Lass uns gleich hinfahren", erwiderte ich, denn ich hatte sehr wohl bemerkt, wie angenehm und beruhigend der jungen Mutter die Vorstellung war, ihre Kinder gut behütet in Südfrankreich zu wissen und nicht bei ihrem Bruder in Ägypten.

"Nein", entgegnete Abraham bestimmend, "morgen fahre ich allein hin."

Ich wunderte mich über seine Geduld, denn wir hatten eigentlich keine Zeit für langes Reden und Taktieren. Dennoch respektierte ich seine Meinung. Er musste es schließlich wissen.

Am nächsten Abend besuchte er die Schwägerin und unterbreitete ihr seinen Vorschlag. Er stieß auf direkte Zustimmung, sie schien erleichtert, der Sorge für die Kinder enthoben zu sein. Ohne zu zögern und, was ungewöhnlich war, ohne zuerst ihren Mann zu Rate zu ziehen.

Abraham verabredete mit ihr einen Zeitpunkt, an dem er die Kinder abholen wollte. Als er mir dies alles am Telefon mitteilte, wirkte er sehr fröhlich und guter Dinge. Auch ich war erleichtert und freute mich für die Kinder.

Mein Freund fuhr also mit seiner Mutter und fünf Kindern in den Urlaub. Er ist wahrlich nicht zu beneiden, sagte ich mir, wie soll er sich da erholen? Noch bevor ich Richtung Norden abreiste, verabschiedete ich mich von der jungen Frau im Krankenhaus und gab ihr vorsichtshalber meine Mobilnummer für den Fall, dass sie Abraham nicht erreichen konnte. Mein Besuch dauerte nicht sehr lange, ich parkte wie so oft im Halteverbot.

Wir kamen in Holstein, unweit von Malente, an. Am See machten wir Halt und unternahmen einen ersten gemeinsamen Spaziergang. Vor meinem inneren Auge zogen die vergangenen Wochen und Tage vorüber. Meine Gedanken waren bei der jungen Frau und ihren Töchtern. Was für ein Glück, dachte ich, ich hatte damals in Frieden meine Kinder versorgen können. Wie schön, dass niemand über uns bestimmt hatte. Unser Leben war geregelt und sicher. Wir lebten als freie Menschen in einem freien Land. Welch ein Glück, dass sie jetzt groß und ihre Kinder alle gesund sind.

Erneut wurden mir die Probleme mancher Ausländer so richtig bewusst. Alltagsprobleme, zuweilen große, manchmal kleine. Aber all diese Schwierigkeiten, die auf verschiedenen Ebenen bestehen, müssen überwunden werden: die Verschiedenheit der Kulturen, das sehr andere Denken und Empfinden, die so unterschiedlichen Mentalitäten, die Schwierigkeiten bei Behörden, wo Ausländer oft schlechter behandelt werden als Deutsche. Ausländer haben von morgens bis abends mit vielerlei Unwägbarkeiten zu kämpfen. Das können viele Deutsche nicht verstehen oder nicht glauben. Was für sie so einfach ist, kann für einen Ausländer äußerst kompliziert sein. Kompliziert in der Sprache, im Verstehen, Denken und Handeln. Auch vor Gericht schenken einige Richter eher noch ihren deutschen Landsleuten Glauben als der ausländischen Gegenseite, die besonders dann im Nachteil ist, wenn sie einen weniger guten Anwalt hat. Auch ein Finanzbeamter, der keine Ausländer mag, hat ausreichend Macht zu entsprechenden Maßnahmen, die legitim sein mögen, aber nicht gerecht. Und wenn mir dann Deutsche erwidern: Pass auf, das passiert uns auch, kann ich nur erwidern: Ja, aber bestimmt weniger häufig! Denn die Krux verbirgt sich oft im Detail, und das ist es, was Ausländer sehr direkt und immer wieder zu spüren bekommen.

Eine Woche war vergangen, ohne von Abraham irgendetwas gehört zu haben und ohne zu wissen, wie es der jungen Frau im Krankenhaus ergangen war. Wie durch eine Gedankenübertragung klingelte mein Mobiltelefon und eine recht heitere Stimme meldete sich. Es war Abraham.

"Wie ist das Wetter bei euch? Hier ist es fantastisch, strahlend blauer Himmel, Sonnenschein und duftende Lavendelfelder, soweit das Auge reicht."

Ich wurde neidisch und stöhnte laut: "Hier haben wir Regen, Regen und nochmals Regen. Du weißt ja: Nur einmal Regen in sieben Tagen, dafür aber eine Woche ununterbrochen."

“Sonst geht es euch gut?”, fragte Abraham unbeirrt und lachte noch dabei. “Unserer Patientin geht es gut, und sie wird bald entlassen. Sie hat meinem Vorschlag zugestimmt, zu uns zu kommen und hier mit ihren Kindern ein paar Tage zu verbringen, dann fahren wir gemeinsam zurück. In unserem VW-Bus ist genügend Platz.”

“Hast du etwas vom Bruder und seiner Frau gehört? Hätten sie nicht etwas dagegen, wenn sie zu dir kommt? Schließlich bist du nicht verheiratet!”

“Nein, aber ich bin ihr Landsmann, kenne die Sitten und habe, nicht zu vergessen, meine Mutter dabei. Sie haben Vertrauen zu mir und wissen, dass ich auf sie Acht gebe. Ihr Bruder ist noch in Ägypten. Ich glaube nicht, dass er wiederkommen wird. Ich habe gehört, dass seine Frau ihm nächste Woche folgen wird. Wir werden sehen, wenn sie alle in Ägypten sind, wie sie zu ihrer Schwester Verbindung aufnehmen. Mir ist das ganze Verhalten von ihnen nicht klar, die Menschen sind doch verschieden, egal welcher Kultur sie angehören. Im Moment können sie nicht mit ihr reden.”

“Es freut mich für sie, dass sie alles gut überstanden hat und ihre Kinder bald sehen wird. Bei dir ist sie jedenfalls gut aufgehoben. Ruf mich bitte noch mal an, und lass mich am Geschehen teilhaben.”

Es war beruhigend, zu wissen, dass anscheinend alles ein gutes Ende gefunden hatte. Und trotzdem spürte ich eine gehörige Portion Unzufriedenheit und Zorn in mir, dass der Bruder so einfach davongekommen war.

Die restlichen Tage verbrachte ich ruhig, entspannt—und mit viel Regen. So manche Stunden saß ich vor dem Kamin mit einem oder mehreren Gläsern Rotwein, die Zigarrenschachtel meines verstorbenen Sohnes vor mir auf dem Tisch. Nach seinem Tod hatte ich eine Packung Davidoff und sein dazu gehörendes Feuerzeug gefunden Es war das erste Mal, dass ich mir eine Zigarre anzündete. Nun war auch ausreichend Zeit zum Lesen von Fachliteratur. Etwas, das ich immer vor mir hergeschoben hatte.

Herzensbande

Noch vier Tage bis zur geplanten Abreise. Ich war den vielen Regen leid und schlug meiner Gruppe vor, die vorzeitige Rückreise anzutreten—über Holland, Belgien und Luxemburg. Eine gute Gelegenheit, Europas Länder kennenzulernen Das war, so fand ich jedenfalls, doch besser als immer nur Rad zu fahren und in der Halle im Kreis zu reiten. Gott sei Dank stimmten die meisten zu und wir traten die Heimreise an. Kurz vor der Grenze nach Deutschland, im luxemburgischen Schengen, jenem Ort, wo der europäische Vertrag gleichen Namens geschlossen worden war, klingelte mein Mobiltelefon.

Abraham war am anderen Ende der Leitung. Seine Stimme klang betrübt. Ich entfernte mich einige Schritte von meinen Begleitern und hörte ihm mit Herzklopfen zu. "Es geht ihr wieder schlecht. Gestern ist sie plötzlich von einer Sekunde zur anderen bewusstlos geworden. Sie liegt hier im Krankenhaus auf der Intensivstation. Ich weiß nicht, was es sein könnte, wir sind nur noch drei Tage hier, dann müssen wir zurück. Ich hoffe, bis dahin ist sie transportfähig."

"Wir sind in ein paar Stunden zuhause, wenn du Hilfe brauchst, ich komme."

"Danke, ich versuche es allein, ich kann leider nicht besonders gut Französisch und verstehe daher auch nicht alles. Ich melde mich wieder."

Am nächsten Tag war Abraham mit der ganzen Familie bereits zuhause. Die junge Frau wurde zurücktransportiert und lag jetzt auf derselben Station wie eine Woche zuvor. Ohne Mutter, ohne Vater, ohne Verwandte und ohne *liebevolle* Brüder, die sich um sie sorgten. Die Kollegen im Krankenhaus warfen sofort ihre gesamte diagnostische Maschinerie an, sie wanderte von einer Untersuchung zur anderen, von Computer zu Computer, von einer Fachrichtung zur nächsten: Neurologie, Neurochirurgie, Innere Medizin und Psychiatrie—bis alles diagnostisch ausgereizt war. Es war eine Zeit der Nervenanspannung und Unsicherheit. Für uns ebenso wie für ihre Kinder. Abraham und ich kümmerten uns um sie und ihre Mutter. Wir agierten und waren dennoch gleichzeitig hilflose Zuschauer.

In der darauffolgenden Woche stand die Diagnose fest: Hirntumor! Sie wurde umgehend in die Neurochirurgie verlegt und gleich am nächsten Tag operiert. Ihre Kinder blieben bei Abraham. Er hatte bereits alle Kleider, Spielsachen und was man sonst noch so brauchte, zu sich geholt. Die Schwägerin, schon bei den Reisevorbereitungen für den Flug zu ihrem Mann nach Ägypten, hatte ihm einen Hausschlüssel übergeben. Vor der Abreise besuchte sie noch die Frischoperierte und schien nach Rücksprache mit dem behandelnden Arzt erleichtert zu sein, dass dieser Lebenserwartung der Patientin als gering einschätzte. Wahrscheinlich dachte sie sogar, dass, wenn ihr Mann gewartet hätte, sich alles von selbst erledigt hätte. Ein Glück nur, dass der Vater der jungen Frau das Haus auf ihren Namen eingetragen und ihr auch etwas Geld hinterlassen hatte. Er machte sie zu seiner Haupterbin, weil er der Meinung war, sie fände keinen Mann mehr oder besser gesagt, kein arabischer Mann würde sie zur Frau nehmen wollen, weil sie geschieden war, zwei Töchter hatte—und sich wie eine Deutsche benahm.

Deutsche Männer waren zwar an ihr interessiert, aber nicht an ihren Kindern. Nein, sie war mit ihrem Anhang wirklich nicht interessant genug für männliche Avancen. Nicht zuletzt auch, um ihre Abhängigkeit von den Brüdern und deren Ehefrauen zu vermeiden, hatte der Vater versucht, sie wenigstens materiell, so gut er konnte, abzusichern. Aus diesem Grund hatte er ihr auch erlaubt zu studieren. Nach islamischem Gesetz erben die Brüder fast alles. Sie hätte nur einen sehr geringen Betrag erhalten. Da sie jedoch inzwischen deutsche Staatsbürger waren, konnte der Vater sie als Haupterbin einsetzen.

Dies alles erzählte mir Abraham an jenem Abend, als er und seine Mutter gerade die Kleider aus ihrem Haus abgeholt hatten. Wir saßen bei ihm im Wohnzimmer und überlegten zu dritt, wie es nun weitergehen sollte. Und das Entsetzen über das Verhalten des Bruders und dessen Frau war nicht nur auf Seiten von Abrahams Mutter.

Die Patientin erholte sich rasch. Sie wurde in die nahe gelegene Rehabilitationsklinik verlegt. Ihre und Abrahams Kinder besuchten sie häufig. Die anfängliche deutliche Spastik an Beinen und Armen besserte sich im Laufe der folgenden Wochen. Sie wurde zunehmend ruhiger, besonders, nachdem sie erfahren hatte, dass ihr Bruder nicht mehr in Deutschland war.

Die Frage, ob sie ihn anzeigen wolle, verneinte sie entschieden. "Meine Brüder handelten im Unrecht, ich weiß. Sie handelten nach ihren Sitten und gefangen in ihrem Männerstolz. Hier in dieser Gesellschaft haben sie damit einfach keinen Platz! Da, wo mein Bruder jetzt ist, ist er richtig, und ich kann nur hoffen, dass er in Ägypten, Syrien oder Bagdad bleibt und nie wieder nach Deutschland zurückkehrt. Ja, aber er ist mein Bruder, und die Kinder meiner Brüder sind auch meine Kinder und werden es immer bleiben. Wenn ich Anzeige erstatte, zerstöre ich ihre Familien. Denn die Kinder sind es, die die eigentlichen Verlierer sein werden. Ich fühle mit ihnen, mit ihrem Schmerz, mit ihrem Gefangensein in einer Tradition, die ihnen das Recht gibt, ihre eigene Schwester zu töten. Eine Tradition, die nichts mit der Religion zu tun hat, eine Tradition, die von Menschen gemacht und noch immer weitergegeben wird. Ich weiß auch nicht, wie das Ergebnis einer solchen Verhandlung sein würde. Am Ende würden wir alle nur Verlierer sein. Mein Vater hat alle Prozesse, die Anwälte für ihn geführt haben, verloren, obwohl er im Recht war. Gesetz hin oder her, jeder weiß: Recht haben und Recht bekommen sind zweierlei Sachen. Ich möchte mir dies alles ersparen."

Ihre Worte klangen so klar, so sicher und dabei tief traurig. Nach acht Wochen Rehabilitation konnte sie nach Hause zurückkehren. Die Mutter Abrahams pendelte zwischen ihr und ihrem Sohn, kochte für beide und sorgte für alles, was anstand. Abraham kaufte ein und kümmerte sich um die fünf Kinder. Er besorgte ihr eine Haushälterin, alles verlief in geregelten Bahnen. Drei Monate später begann sie wieder ihr Studium, wenn auch sehr mühsam. Es war für uns eine Freude und ein gutes Gefühl, sie mit ihren Kindern in der Mensa der Uni oder in der Stadt zu erleben. Wenn ich ihr mit ihren Kindern in der Stadt zufällig begegnete, lud ich sie jedes Mal zu einem Spaghetti-Eis ein, für die beiden Töchter das Maß aller Dinge.

Aber mir fiel auf: Irgendetwas an der jungen Frau hatte sich nach diesen vergangenen Ereignissen verändert. Sie wirkte zurückhaltend, still, scheu, ja traurig. Sie sprach nur das Notwendigste. Ihre Haltung, sowohl körperlich wie auch seelisch, war sehr bedrückt, fast gedämpft und keineswegs mehr leuchtend, wie ihr arabischer Name: *Nur.* Das bedeutet so viel wie Licht. Aber mit all ihrem Verlust wuchs dennoch eins: unsere Freundschaft.

Ein Jahr verging. Unsere junge Freundin lud uns alle zum Abendessen ein. Sie wirkte erleichtert und dennoch irgendwie auch depressiv.

"Ich möchte mich für all das, was ihr alle für mich und für meine Kinder getan habt, herzlich bedanken. Ihr ward für mich die einzige Stütze und Hilfe. Mein Bruder ist gestern in Bagdad gestorben. Er hatte Streit mit Saddam Husseins Sohn, da ging es um Geschäfte und den Iran. Genaues weiß ich nicht, nur, dass mein Bruder erschossen wurde. Man hat ihn gleich begraben, seine Familie konnte sich nicht einmal von ihm verabschieden. Ich bin darüber traurig, aber auch erleichtert. Ich bin über mich selbst erschrocken, aber als ich die Nachricht hörte, fühlte ich plötzlich eine große Erleichterung. Mit einem Mal ist mein Leben und das meiner Kinder sicher geworden. Ja, nun kann ich, was sie betrifft, endlich ruhig sein, obgleich", und dabei wurde ihr Gesicht wieder nachdenklich, "ich mir Sorgen um sie mache, für den Fall meines Todes. Ich möchte sie euch anvertrauen! Bitte lasst sie nicht allein, kümmert euch um sie. Ich habe eine Lebensversicherung, auch das Haus gehört mir und ist als Absicherung gedacht, bis sie ihre Ausbildung beendet haben und selbst für sich sorgen können."

Wir waren alle still geworden, es herrschte ein trauriges Schweigen. Mich beeindruckte, mit wieviel Mut, Klarheit und Vernunft sie alles geplant und geregelt hatte. Und plötzlich war da wieder das Gefühl einer ganz großen Nähe zu dieser gleichsam so starken wie zerbrechlichen

Frau. Wir fühlten uns angenehm aufgehoben bei ihr, und dennoch überlagerte gleichzeitig ein Gefühl undefinierbarer Schwere den Rest des Abends.

❦

Ein Lichtstrahl am Horizont

Es war eine Wonne, die beiden kleinen Mädchen zu hübschen jungen Frauen heranwachsen zu sehen. *Nur*, das *Licht*, das wieder zu strahlen begann, hatte sich für ein Jurastudium entschieden, und dies ausdrücklich und nicht zuletzt wohl auch, um sich selbst besser schützen zu können, wie sie mir einmal erzählte. Da arbeitete sie bereits in einer großen Anwaltskanzlei. Halbtags, denn sie wollte noch Zeit für sich und ihre Kinder haben, das war ihr wichtig.

Zu ihrer Examensfeier hatte sie uns alle eingeladen. Es war ein schöner Abend, sie wirkte entschlossen, selbstsicher und doch auch irgendwie bedrückt. Immer wieder sagte sie: "Ich wünschte, meine Eltern wären noch am Leben, um mit uns zu feiern. Ich wäre gern mit meiner Mutter zu ihrem Geburtsort nach Palästina gefahren. Dies war ihr größter Wunsch. Wie viele Tränen hat sie im Stillen vergossen um ihre Familie, ihren gefallenen ersten Mann und ihre Tochter. Mit meinem Vater war sie nie glücklich, und in Ägypten wurde sie nie richtig aufgenommen. Sie war und blieb in den Augen aller immer die arme, heimatlose, verwaiste Palästinenserin, die Ägypten, meinem Vater und jedem Ägypter dankbar sein musste. Allein schon deshalb, weil sie als Palästinenserin von Ägypten gegen Israel, das ihnen damals ihre Heimat genommen hatte, verteidigt worden war. Zwar ohne Erfolg, aber der Krieg hatte vielen das Leben gekostet, und dieses Leben hatten Ägypter für sie und ihr Volk gelassen. Mein Vater hatte eine Witwe mit einer Tochter geheiratet. Also keine junge Jungfrau! Dafür sollte sie ihm dankbar sein. Und mit diesem Schuldgefühl lebte und starb sie. Ich wünschte, meine Mutter wäre hier. Sie war uns allen unendlich dankbar für die Unterstützung in den vergangenen Jahren."

Plötzlich wechselte sie das Thema, wandte den Kopf in meine Richtung und fragte mich sehr direkt, warum ich bei ihr im Krankenhaus gewesen war und mich für sie eingesetzt hatte? Ich hätte sie doch nicht gekannt.

Wie ein Film zog das Erlebte wieder an mir vorbei. "Du bist mir schon auf dem Marktplatz in einem Café aufgefallen. Die Bedienung hat versucht, dich auszufragen, woher du kommst, ob du Ausländerin seist und so weiter. Aber du beharrtest darauf, Deutsche zu sein und hast nichts von Ägypten erzählt. Das hat die Bedienung ziemlich irritiert. Am selben Abend sah ich dich wieder im Restaurant Kunze, wo unser Ärzteverband sein Treffen hatte. Du warst auch zufällig da. Du erinnertest mich stark an meine Mutter und Geschwister, dein Schal, den du an dem Abend um die Schultern hattest, verriet mir deine Verbindung nach Palästina. Auch dein Aussehen ist ja nicht gerade typisch deutsch. Dieser Abend ist mir besonders in Erinnerung geblieben, denn unser gemeinsamer Freund Abraham ist von einigen, ich nenne sie so, *bio-deutschen* Kollegen nicht gut behandelt worden. Ich habe dazu geschwiegen, was mir später sehr leid getan hat. Ich musste mit ihm darüber und über vieles andere reden, irgendwie hatte ich auch ein schlechtes Gewissen und besuchte ihn in seiner neuen Praxis. Dort sah ich dich wieder. Danach nahm alles seinen Gang."

Ich war erleichtert, dass wir nun endlich darüber sprechen konnten und fragte sie bei der Gelegenheit, warum sie nicht wieder geheiratet habe. So eine hübsche und interessante Frau müsste doch viele Verehrer haben. Sie lachte verlegen wie ein junges Mädchen.

"Verehrer gab und gibt es, ja, viele sogar. Es ist nicht einfach zu erklären, aber, um es mal so zu sagen: Ich bin nicht mehr die Jüngste, habe zwei Töchter und bin, was man nicht unterschätzen sollte, eine geschiedene Frau. Geschiedene Männer mit Kindern finden leichter eine Frau, auch alte Männer finden leicht eine junge Frau. Umgekehrt hingegen ist es sehr schwer. Es gibt nur wenige Männer, die aufrichtig bereit sind, Verantwortung für mich und meine Kinder zu übernehmen, bis heute habe ich keinen gefunden. Ich hätte gern einen Partner, aber nicht um jeden Preis. Ich bin lieber allein, als mich für eine Partnerschaft aufzugeben und einsam in einer Zweierbeziehung zu sein, dafür ist mir der Preis zu hoch."

Abraham lachte laut: “Ja, was ist mit dem, mit dem, und dem und dem? Das sind doch tolle Männer! Liegt es vielleicht doch an dir, dass du keinen willst und die Fehler nur bei den anderen suchst? Oder vielleicht zu emanzipiert bist? Du machst den Männern Angst!”

“Nein. Ich weiß, dass ich das Vertrauen zu Männern, trotz meines Vaters und meiner Brüder, nicht ganz verloren habe. Ich kann schließlich nicht alle Männer dafür verantwortlich machen, was meine männlichen Verwandten mir angetan haben. Ich hatte mich in drei Männer verliebt, und bei jedem dachte ich, das sei der Mann, für den ich mich entscheiden könnte, der Mann, der mich in seinen Armen festhält und mir Wärme und Vertrauen schenkt, der Mann meines Lebens. Leider war es nicht so. Mein Herz brach bei jeder Trennung und wurde von Mal zu Mal kleiner. Ich lernte keinen deutschen Mann kennen, der mich ausreichend genug liebte, um zu mir, meiner Geschichte, meiner Herkunft und zu meinen Kindern zu stehen. Als Objekt der Begierde kann ich viele Männer finden. Als Vorzeigefrau auch. Das ist kein Problem. Nur ist es nicht das, was ich will. Ich wünschte mir immer einen Partner, der mich liebt und respektiert, der für mich und meine Kinder Verantwortung übernimmt, der zuverlässig ist, der Geist und zugleich Herz hat. Könntet ihr mir vielleicht einen solchen Mann vermitteln?”

Es folgte betretene Stille, eine Betroffenheit, ein trauriger Moment, den es einfach mit Humor zu überwinden galt.

“Wie? Du willst verkuppelt werden?”, antworteten wir fast wie im Chor und voll scheinbarem Erstaunen.

Sie sagte mit ernster Stimme: “Nein, nein, im Ernst. Ich frage, ob ihr vielleicht einen solchen Mann kennt, der an mir interessiert war und den ich abgelehnt habe? Auch die Namen, die du genannt hast, Abraham, gehören zu liebenswerten Menschen. Aber gerade diese Männer, die du schätzt, konnten oder wollten eine solche Verantwortung nicht übernehmen! Einer von ihnen sagte einmal zu mir: ‘Wenn du keine Kinder hättest, wäre aus uns ein Paar geworden.’ Und ein anderer: ‘Meine Eltern haben Probleme mit dir, weil du Muslima, Ausländerin und auch noch geschieden bist. Sie mögen dich als Mensch und schätzen dich und deinen Lebensweg, aber als Partnerin für mich möchten sie dich nicht haben. Außerdem bist du auch zu alt. Sie wünschen sich für mich eine jüngere, nicht geschiedene Frau ohne Kinder!' Ihr wisst ja, ein Jüngere, das ist immer relativ! Wenn der Mann 50 Jahre alt ist, dann will er eine 25-Jährige! Eine 40-jährige Frau ist dann zu alt! So sehen es viele Männer! Was habe ich nicht noch alles gehört: 'Du bist emanzipierter als eine deutsche Frau, du bist zu stark und jagst den Männern dadurch Angst ein.' Wenn ich einen Mann um Hilfe bat, hieß es: 'Spiel nicht die Hilflose, du erziehst deine Kinder alleine, studierst mit zwei Kindern und willst dies und jenes jetzt angeblich nicht tun können und brauchst meine Hilfe? Das ist doch unglaubwürdig.' Ich bekam weder Rat noch Hilfe, von Unterstützung mal ganz zu schweigen. Ich kannte nur Alleinsein in einer neuen Welt. Warum, bitte sehr, soll ich mir das antun und solche Rederei immer wieder ertragen? Ich suche nicht nach einem Mann. Wenn ich den adäquaten Partner nicht treffe, dann habe ich auch nichts verloren. Sollte ich ihn treffen, dann ist es ein Geschenk. Ich bin zufrieden und dankbar, dass ich noch für meine Kinder da sein kann, ich hoffe noch auf ein paar Jahre, bis sie erwachsen sind und allein zurechtkommen können."

Sie sprach nüchtern, klar und doch voller Wehmut in ihrer Stimme. Und das, was sie sagte, konnte ich aus meiner Sicht und eigenen Erfahrung nur bestätigen und voll unterstützen. Es war ein unvergesslicher Abend, an den ich später noch oft haben denken müssen, ein unwiederholbarer und einzigartiger Abend. Es sollte unser letzter sein.

Danke, du Freundin des Augenblicks

Jeder von uns war mit seiner Arbeit und der eigenen Familie beschäftigt. Der Alltag nahm uns in Anspruch, so dass wir uns immer seltener sahen. An einem Sonntag, ich erinnere mich genau: es war der 6. Januar, klingelte es an der Tür. Ich war spät aufgestanden und saß noch im Bademantel am Frühstücktisch. Erst kurz zuvor hatte er angerufen und gefragt, ob er zu mir kommen dürfe. Ich öffnete die Tür, Abraham trat ein, blass, still und mit verweinten Augen. Er setzte sich schweigend an den Tisch und schien mit sich zu kämpfen. Kein Laut kam über seine Lippen.

Sein Anblick hatte mich sprach- und ratlos gemacht und verhieß nichts Gutes. "Sie ist tot!" Danach konnte er seine Tränen nicht mehr zurückhalten und begann, laut zu weinen. Ich begriff nicht, was er sagte, war zuerst von seinen Tränen überwältigt. Ein arabischer Mann, der weint, so etwas hätte ich mir nur beim Tode seiner Mutter oder eines seiner Kinder vorstellen können. Die letzten Tränen eines Mannes die ich sah waren die meines Vaters in Ägypten. Abraham, der Beherrschte, der Ruhige, der Geduldige, der Besonnene, war zusammengebrochen und schluchzte wie ein kleines Kind.

Ich konnte oder wollte nicht verstehen, wen er meinte. "Wer ist tot? Beruhige dich, ist einem deiner Kinder etwas geschehen? Ist deine Mutter tot?"

"Nein, es geht ihnen allen gut.

"Wer ist dann tot?"

"Sie ist tot!"

Nur war tot.

"Warum?", war alles, was ich fragen konnte. Es war zu unfassbar.

Voller Verzweiflung begann er zu erzählen, die Stimme herzzerreißend traurig und das Gesicht voller Tränen: "Du weißt, unsere Freundin ist in das Land ihrer Mutter gereist. Nachdem ihre Töchter ihr Abitur bestanden hatten, flogen alle drei nach Israel, zusammen mit einer Freundin von ihr, einer deutschen Jüdin, deren Eltern in Tel Aviv lebten. *Nur* wollte den Geburtsort ihrer Mutter suchen. Sie hoffte, vielleicht Menschen, Verwandte, Nachbarn oder wen auch immer zu treffen, der ihre Mutter gekannt hatte. Sie wollte den Boden ihrer Mutter betreten, ihn berühren und seinen Duft in sich aufnehmen. Die Freundin und ihre Eltern haben ihr geholfen, das Dorf zu finden. Da, wo früher Menschen gelebt hatten, stand nur noch eine Ruine. Als letzte Erinnerung. Und hier saß sie für eine kurze Weile. Mit einem tiefen Atemzug erhob sie sich, spazierte zwischen den Orangenbäumen und ließ den Duft der Blüten ihre Gedanken und Sinne betäuben. Wie in Trance schritt sie zwischen den Bäumen, nicht nach rechts und links schauend, sondern mit einem zum Horizont gerichteten Blick, umfangen von den im Sonnenlicht sich wiegenden Blättern und Früchten. Plötzlich drehte sie sich um und rief nach ihren Töchtern, nahm ihre Hände und sagte mit leiser, sanfter Stimme: 'Ich bin etwas müde, lasst uns ein paar Minuten unter einem Baum ausruhen und den Duft und die Luft der Heimat meiner Mutter einatmen. Wer weiß, ob wir jemals wieder diesen Boden, der jetzt einem anderen gehört, betreten dürfen.' Alle drei setzten sich auf einer satten, grünen Wiese unter einen Mandelbaum. Die Mutter in der Mitte. Einen Arm legte sie um die Schulter der einen Tochter, mit der rechten Hand hielt sie die linke Hand der anderen, legte ihren Kopf auf deren Schulter, schloss die Augen und atmete einige Male tief ein. Der Atem wurde ruhiger, regelmäßiger und flacher, bis er nicht mehr zu hören war. Alle drei blieben eine Weile in Frieden sitzen, sie machten keinen Anstalten, diesen Ort verlassen zu wollen.

Die Freundin, die in einiger Entfernung auf sie gewartet hatte, drängte zum Aufbruch: 'Kommt, wir müssen weiter!' Aber niemand rührte sich. Als sie näher kam, sah sie die Tränen auf den Gesichtern der Töchter, die schweigend und fest an ihrer leblosen Mutter lehnten. Sie war still und friedlich eingeschlafen. Die Töchter haben mich heute Morgen angerufen."

Nach diesen Worten herrschte eine eisige Stille im Zimmer. Mein Körper fror, auch ich konnte die Tränen, die über meine Wangen liefen und über mein Herz tropften, nicht zurückhalten. Ich dachte an die einzigen Zeilen, die sie an ihre tote Mutter geschrieben hatte. Nachdem sie aus dem Krankenhaus entlassen worden war, gab sie mir eine Kopie jenes Briefes. Ein Epilog der Liebe und des Abschieds:

"Manchmal verirren sich meine Schritte unterwegs, und mein Herz möchte aus lauter Verwirrung ein wenig verweilen. Halt mich ganz fest in deinen Armen und lass mich meinen Namen vergessen. Halt mich und warte, bis ich ankomme, und wenn ich ankomme, dann lass mich mit dem Winde verreisen. Lass mich zuerst zu mir finden, und denke an meine Unsicherheit und Aufregung, um meinen Traum zu bewahren und zu verwirklichen. Danke, Du Freundin des Augenblicks. Ich suche nach einem Wort, um mein Leben zu begreifen. Die Enge des Raums bedrückt mich, ich fliehe in das verlassene Viertel, um der Melodie der Panflöte zu begegnen und etwas zu finden, an das ich mich anlehnen kann. Wenn ich das Salz meiner Tränen schmecke, fliehen meine Gedanken zu einem Bild, das an der Wand meiner Fremde hängt. Nackt ist meine Seele, und nichts kann sie umhüllen, nur meine hartnäckige Liebe zum Leben und das Verlangen nach der Stimme meiner Eltern, die meine Schmerzen niemals sahen. Je mehr ich mich von der Erde und den Menschen entferne, umso stärker wird meine Sehnsucht nach ihnen. Der Augenblick des Liebens ist zugleich der Augenblick des Abschieds. Das Leben hat mich halbiert, aber ich will nicht nur eine der Hälften sein. Ich hasse den Abschied und seinen bitteren Geschmack. Geduldig werde ich warten auf den Geruch des Jasmins und der Mandelbäume in meiner Heimat, in der Heimat meiner Mutter, in Palästina. Der Sommertag wirkt betäubend, meine Seele schlummert, und meine Gedanken steigen durch die Rhododendronblüten hoch hinauf zum Himmel, zum Paradies, zu Dir."

Immer noch herrschte betroffenes Schweigen. Abraham stand auf und verließ das Zimmer durch die Terrassentür. Draußen im Garten zündete er sich mit der einen Hand eine Zigarette an, wischte sich mit der anderen die Tränen vom Gesicht und begann seine stille Wanderung. Auf und ab. Immer wieder und ohne ein Wort zu sagen. Irgendetwas in mir ließ mich in diesem Moment nach meinem Mobiltelefon greifen. Und wie einer geheimnisvollen Intuition folgend wählte ich die Nummer jenes Kollegen, der sich damals so abfällig über Abraham geäußert und später dann doch einen kleinen Weg des Verstehens zu ihm gesucht hatte. Ich bat ihn, zu uns zu kommen. Er sagte sofort zu und kam auch kurz darauf. Mit wenigen Worten erklärte ich ihm die Situation und unsere Erschütterung über den Tod der gemeinsamen Freundin.

Abraham hatte unsere Stimmen gehört, war zurück geeilt. "Du?" Sein Erstaunen war schier maßlos. Und seine Freude erst, als der vormals so rücksichtslose Kollege nun die von uns beiden zuvor vereinbarte kleine Notlüge aussprach: "Ja, Abraham, ich bin's. Ich war vorhin in deinem Restaurant. Habe über ganz Vieles noch einmal nachgedacht. Vor allem über uns beide. Und bin dann zu dem Entschluss gekommen, dich auch einmal privat zu besuchen. Und hier bin ich nun. Entschuldige mein spontanes Kommen, aber ich glaube, wir haben vieles miteinander zu besprechen, und ich muss mich für so einiges bei dir entschuldigen. Abraham, lass uns Freunde sein!"

Die so ungleichen Männer gingen aufeinander zu und umarmten sich. Wortlos und fest. Ich verließ leise das Zimmer. Das hier war nur für die beiden bestimmt. Aus der Umarmung gedieh tatsächlich eine Freundschaft, und ich wurde ein Teil von ihr. In den folgenden Jahren sind wir drei mit unseren Familien einen Großteil unseres Weges gemeinsam gegangen. Es war nicht immer einfach. Aber es war gut so, denn es war ein Weg zu uns selbst und zueinander.

Nurs Brief an ihre Mutter bewahre ich in meinem Herzen—neben meinem Brief an meinen Sohn Talat:

Ich schenke Dir ein warmes Licht, um die Konturen Deines Gesichts, die manchmal verschwimmen, zu erhellen. Die Wärme Deiner Worte und Deine Stimme sind ganz nah bei mir. Deine Augen umhüllen meinen unendlichen Raum. Es gibt weder eine Grenze noch eine Brücke, kein Zurück, kein Vorwärts. Der Rausch der Hoffnung beginnt sich zu verlieren. Lass mich nicht allein, wenn meine Schritte sich verlangsamt haben, mein Herz vor lauter Heimweh und Angst verweilen möchte. Warte auf mich, bis ich ankomme, lass mich reisen bis ans Ende des Raumes.

Ich suche nach einem Wort, um meine verlorenen Gefühle zu begreifen. In jener Vollmondnacht hast Du Dich von mir verabschiedet. Du bist entschwunden in die Dunkelheit, in die Stille der Nacht, ganz nahe bei mir, ganz in mir.

Mein Sohn Talat (2.5.1966—6.1.1989)

Dich denken
Und an Dich denken
Und ganz an Dich denken
Und an das Hoffen denken
Und hoffen und hoffen
Und immer mehr hoffen

Erich Fried

Und wer eine einzige Seele rettet,
rettet die ganze Welt...
(aus dem Talmud)

TALAT-ALAIYAN-STIFTUNG

2003 gründete ich noch in Saarbrücken die Talat-Alaiyan-Stiftung. Im Gedenken an meinen zu früh verstorbenen geliebten Sohn, dessen Namen sie trägt. Und in der Hoffnung auf die Macht von Aufklärung, Begegnung, Versöhnung und Freundschaft. Zwischen jungen Menschen aus Palästina, Israel und Deutschland.

Damit möchte ich einen Grundstein legen für gegenseitiges Verständnis, für Respekt voreinander und für die Bearbeitung von Konflikten, möglicherweise sogar für eine Freundschaft über Grenzen hinweg. Jugendliche aus Israel und Palästina, im Alter zwischen 16 und 18 Jahren, Juden, Christen und Muslime, Mädchen und Jungen, laden wir für einige Wochen nach Deutschland ein, damit sie sich auf neutralem Boden mit deutschen Jugendlichen treffen können—ohne Angst vor Krieg und Terror.

Projekte, die in Israel oder in den palästinensischen Flüchtlingslagern das gegenseitige Kennenlernen ermöglichen, zum Beispiel in Form eines Schüleraustauschs, werden finanziell gefördert. In Deutschland und vor Ort wollen wir mit anderen Organisationen, die dasselbe Ziel verfolgen, zusammenarbeiten.

Ich lernte hier in Deutschland Demokratie und Freiheit kennen. Ich fand von übernommenen Feindbildern zu einem neuen Verständnis für das jüdische Heimat-Bedürfnis, eingebettet in das Wissen um das Bedürfnis meines Volkes nach Heimat und Sicherheit. Die Talat-Alaiyan-Stiftung (mit Sitz in Saarbrücken und Berlin) soll junge Menschen mit unterschiedlichen kulturellen Wurzeln und Religionszugehörigkeiten auf einen gemeinsamen Weg bringen. Für ein Leben in Würde, in einer eigenen Heimat, in Sicherheit und Demokratie. Für alle gleich, gleichberechtigt und gleichwertig. Das hätte sich auch mein Sohn Talat so sehr gewünscht.

www.ingramcontent.com/pod-product-compliance
Ingram Content Group UK Ltd.
Pitfield, Milton Keynes, MK11 3LW, UK
UKHW040015200726
13854UKWH00001B/213

9 789176 370797